N° 1.

LE

PETIT LIVRE
DE SOURDEVAL

RECUEIL

DE

Notes, Documents statistiques, Anecdotes,
Légendes, Faits journaliers

CONCERNANT

LES HOMMES ET LES CHOSES

DE SOURDEVAL ET DU CANTON

et pouvant servir à l'histoire de notre région

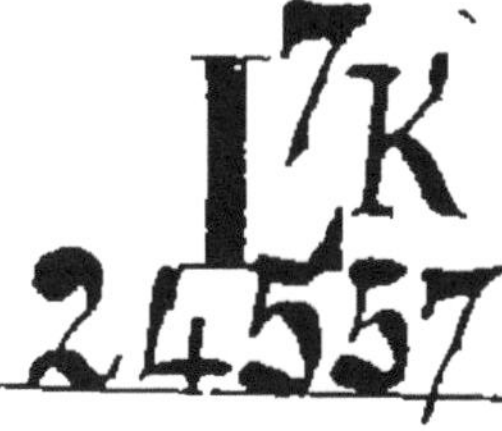

'c » est vendu au prix de 50 centimes
au de Bienfaisance, chez M.
eront reçues les communications à

1885

N° 1.

LE

PETIT LIVRE
DE SOURDEVAL

RECUEIL

DE

Notes, Documents statistiques, Anecdotes, Légendes, Faits journaliers

CONCERNANT

LES HOMMES ET LES CHOSES

DE SOURDEVAL ET DU CANTON

et pouvant servir à l'histoire de notre région

Le « *Petit Livre* » est vendu au prix de 50 centimes au profit du bureau de Bienfaisance, chez M. dépositaire, où seront reçues les communications à insérer.

—

1885

POPULATION

DE LA

COMMUNE DE SOURDEVAL

aux époques ci-après :

		Habitants
3 août 1802 (15 *Thermidor an X*). .		3.862
1803		3.876
1804		3.903
1806		4.128
1813		4.500
1837		4.409
1852		3.979
1871		3.943
1876 { bourg.	1.446	3.914
campagne. . . .	2.468	
1881		3.932

Étendue territoriale de la commune :

3.648 hectares.

Un de mes frères, qui est né à Sourdeval le 22 septembre 1822, prétend qu'aujourd'hui 4 janvier 1885, il n'y a pas dans notre bourg, qui compte plus de 1500 âmes, quatre autres hommes, aussi âgés que lui et qui y demeurent et y soient nés.

Est-ce une erreur? Ce qui certainement n'en est pas une, c'est qu'un grand nombre de nos sourdevalais sont venus choisir notre endroit pour résidence et que dans certaines rues, en comptant porte par porte, on ne trouve presque plus de membres de familles de notre temps, et cependant ma naissance ne remonte qu'à 1826 et je n'ai pas encore 60 ans.

Ce qui est vrai encore, c'est que notre population est assez peu au courant de l'histoire locale de Sourdeval.

Non-seulement le Sourdeval d'avant la Révolution, celui du temps des Seigneurs, celui qui, sur ses 4000 habitants, en comptait 300 ou 400 à peine dans le bourg et 3500 répandus dans ses 160 villages ; non-seulement l'ancien Sourdeval est inconnu, mais le souvenir de la période de la Révolution s'affaiblit et le temps est proche où disparaîtront les derniers de nos compatriotes qui ont entendu, de la bouche des témoins, les récits de ce temps-là.

Sourdeval reçut, vers le milieu du siècle dernier, le nom de *Sourdeval-le-Neuf*, du nom du Seigneur de l'époque : quand et pourquoi a-t-il pris ou repris le nom de Sourdeval-la-Barre qu'il porte aujourd'hui ? quand a-t-on effacé le mot « *Le Neuf* » dans l'inscription qu'on lit sur la pyramide de notre bassin ?

La période même du premier Empire, de la Restauration et de la Monarchie de juillet, est bien près de s'effacer de notre mémoire.

Qui se souvient aujourd'hui du cimetière autour de notre ancienne église, qui était clos par un mur élevé, dans lequel on entrait par la barrière du presbytère, près la tombe de M. de la Ménagerie, le curé du miracle, et par deux échalliers en pierre, l'un à l'est, au bas de la rue de l'église près la maison de Fauvel-les-Châtaigniers — aujourd'hui de M. Pacilly, — l'autre à l'ouest, près la maison qui appartenait et qui appartient encore à la famille Erard et qui fut, sur des roulettes, reculée de près de 20 mètres par M. Meslay, maire, pour prendre l'alignement de la nouvelle grande route de Chérencé ?

Qui se souvient de notre ancienne église, reconstruite par l'initiative de notre bon curé M. Viel ?

Qui se souvient de l'ancien château de Sourdeval ? de la chapelle du château ? du souterrain, ce tunnel étroit de 70 ou 75 mètres de longueur où les garçons de l'école se précipitaient quarante ou cinquante à la file, le plus hardi en tête, se mettant sur le petit sens pour ne pas intercepter la lumière du jour, courant jusqu'au fond où régnait une demi obscurité et où un cri d'épouvante d'un des enfants de la bande ne manquait jamais d'effrayer la colonne et la mettait en fuite, de sorte que, sur les enfants de notre âge, il n'y en a peut-être pas un seul qui ait jamais eu le courage de regarder cette fameuse porte de fer qui se trouvait, disait-on, au rond point du fond de la *voûte*, et qui donnait accès, disait-on aussi, à une autre *voûte* conduisant à la grande mare de la Tessardière.

Qui se souvient des Chasses du Pas de Mât, du grand parc du château ; des remises, du potager, qui sont aujourd'hui de confortables habitations de citoyens riches ? des bosquets aux allées variées, aux arbres rares dont il ne reste plus que le Tulipier ?

Qui se souvient de la construction des maisons de la Grande Rue, bâtie de 1765 à 1840, sur l'emplacement de laquelle il n'y avait que quelques maisons, éparses dans des jardins à plant, quand elle fut créée par l'ouverture de la Grande Route de Caen à Redon qui traversa ces jardins, croisant la principale et, pour ainsi dire, la seule rue de Sourdeval (la rue de Saint-Martin et de l'Eglise), à un point où M. Le Neuf, seigneur de Sourdeval, fit élever, en 1778, notre fontaine monumentale ?

Qui se souvient de l'ancien Champ de foire, aujourd'hui jardin à plant appartenant à M. Millet, bourrelier ? de la construction de la Halle sur un terrain donné à cet effet par M. Louvrier? du marché de Semaine, qui se tenait au carrefour du Bassin ?

Qui se souvient même de l'ouverture de la route de Tinchebray, en 1836, et du jardin du général Millet, à travers lequel cette route déboucha dans la Grande Rue et où se construisirent les maisons Hue et Maincent ?

Qui se souvient de nos anciens *petits chemins*, avant la loi de 1836, qui créa les chemins vicinaux ? Qui a barbotté dans les fondrières du Moulin Foulier, de la Verrerie, du Moulin de Vengeons, etc., dont les dernières, aux Houlptières, vont bientôt disparaître, où les chevaux enfonçaient dans la boue jusqu'aux genoux, où les ornières avaient deux pieds de profondeur, où les voitures ne se hasardaient que par nécessité, où le transport d'un tonneau de cidre, qui se vendait 30 ou 40 francs, était une affaire capitale pour laquelle on réclamait tous les chevaux du village?

Dans de telles conditions, on ne saurait s'étonner que les relations fussent rares, même de commune à commune, et qu'il y eût la moitié des habitants de Sourdeval qui mouraient sans avoir vu Tinchebray, distant seulement de quatre lieues.

Aujourd'hui un fait saillant qui se produit dans un de nos villages les plus reculés, est publié le lendemain à Paris, à Lille, à Marseille, à Londres, et quelques jours après, les journaux des Etats-Unis, de l'Inde et de la Chine en entretiennent les habitants de ces régions : dans ce temps-là, si l'on n'allait pas voir ce qui se passait ailleurs, on ne l'apprenait pas non plus par la presse : il n'y avait, pour ainsi dire, pas de journaux.

Ce fut un événement, vers 1828 ou 1830, quand le presbytère reçut chaque jour la « *Quotidienne* » dont il partageait l'abonnement avec M. Lebaron, greffier de la justice de paix et secrétaire de la mairie et avec M. Moulin-Launay, gendre et successeur de M. Ledieu-Ruaudière, ancien directeur de la poste aux lettres.

Ce fut un progrès signalé quand trois ou quatre notables commerçants s'abonnèrent à leur tour et que le *Siècle* et le *Constitutionnel* parurent à Sourdeval. Je me rappelle ce temps là : Mme Debon, fille de M. Moulin-

Launay. était directrice de la poste aux lettres et demeurait à côté de M. Trochon, notaire, dans la maison où demeure actuellement Mme Léonce Debon.

Il venait d'y avoir une grande amélioration dans le service des dépêches. Le courrier de Vire à Fougères qui desservait Sourdeval, au lieu de minuit ou 2 heures du matin, arriva à sept heures du soir avec les lettres et les journaux partis de Paris, la veille à 6 h. du soir, du grand bureau de la rue Jean-Jacques Rousseau; la distribution ne pouvait encore se faire que le lendemain matin, c'est-à-dire 40 heures après leur départ, mais la directrice avait l'amabilité, une fois les paquets ouverts, de délivrer les journaux que l'on allait chercher à son bureau.

L'hiver, notre père nous envoyait tous les soirs à la poste chercher le journal : il lisait le *Siècle* à haute voix, prononçait le nom de M. Odilon-Barrot, qui revenait à chaque instant dans les débats parlementaires, avec une emphase qui frappait toute la *maisonnée*, car notre maison était pleine et, autour du grand feu, étaient ranges les frères et les voisins qui venaient « entendre lire le journal », et entre lesquels les plus assidus étaient le père Lecomte, serrurier, le capitaine Ledru, le père Mary, l'horloger, puis les couturières en journée, occupées à la couture avec les sœurs au bout de la table du lecteur, puis la servante préparant la soupe du soir.

On eût entendu courir une souris : j'avais 8 ou 10 ans à cette époque que je n'oublierai jamais et dont j'aime à me rappeler le souvenir.

Les lettres mettaient 40 heures à venir de Paris à Sourdeval et coûtaient douze sous de port payable par le destinataire ; le timbre-poste n'existait pas et quand, par une circonstance particulière, la lettre était affranchie, c'était au moyen du timbre P. P. (port payé) que l'affranchissement était constaté.

Comme le timbre-poste, le télégraphe électrique était encore à naître : le télégraphe aérien qui reliait Brest à Paris par Avranches, avait bien une station près de la Tournerie, dans un des champs de la ferme de la Foresterie qui appartenait à notre père ; nous voyions bien de chez nous s'agiter ses grands bras, nous distinguions les signaux qu'il transmettait aux stations de Ger ou de Reffuveille, mais le télégraphe n'était employé que pour le service du gouvernement.

Aujourd'hui, lecteur, que vous recevez de Paris en une heure, par le télégraphe, pour 50 centimes, des nouvelles de vos amis ; que les lettres mises à la poste le soir à 6 heures à Paris, vous sont remises à votre domicile le lendemain matin à 8 heures : que vous vous rendez à Paris, en 8 heures et demie, dans des wagons où vous êtes à l'aise, vous devez trouver que nous étions bien mal servis en 1834 ou 1836. Eh ! bien je me rappelle que nos habitants étaient très heureux de ne plus recevoir leurs lettres le surlendemain de leur départ de Paris, mais dans la soirée du lendemain : les personnes âgées ne tarissaient pas de louanges sur les progrès du temps et rappelaient l'époque où, le bureau de poste étant aux Pestils où demeure actuellement M. Esnault, la voiture des dépêches, au bruit des grelots de son cheval, fringante et fière, faisant le tour du cimetière, arrivait vers midi tous les deux jours, apportant les lettres livrées à la poste à Paris l'avant veille avant 4 heures du soir et qui restaient au bureau jusqu'à réclamation, le service des facteurs ruraux n'étant pas encore constitué.

Dans cet heureux temps, les diligences mettaient, par Caen, 40 heures pour se rendre à Paris : et quel progrès immense ce fut vers 1840 quand les « Jumelles », de belles diligences à cinq chevaux, ouvrirent un service de Sourdeval à Paris par Flers et Argentan en 26 heures ! Le voyage durait bien encore 30 heures pour ces 70 lieues, car la diligence partait de chez M. Jean-Jacques Louvrier à 8 heures du matin, et elle n'arrivait qu'après 2 heures de l'après midi, le lendemain, dans la cour des Messageries de la rue du Bouloi, mais de grandes affiches rouges annonçaient le voyage en 26 heures ! Et quel voyage, mon Dieu ! Si l'on n'avait pas retenu sa place à l'avance, on était menacé d'être placé avec les malles, courbé pendant 30 heures, dont 10 de nuit, sous la bâche, et de Dreux à Paris assourdi par le roulement du lourd véhicule sur une chaussée pavée de 18 lieues ! On arrivait à Paris à moitié anéanti.

Le « *Petit Livre* » qui paraît aujourd'hui pour la première fois, voudrait rappeler les souvenirs de Sourdeval à ceux, rares aujourd'hui, qui ont été témoins des faits éloignés et les faire connaître à ceux qui étaient loin de nous ou n'étaient pas encore de ce monde : car, nés ici, ou hors de Sourdeval, tous aiment, comme nous, leur patrie réelle ou d'adoption.

Le « *Petit Livre* » aura-t-il un second numéro ? Rencontrera-t-il la faveur de nos concitoyens ? Ceux-ci lui fourniront-ils les éléments historiques ou anecdotiques qui lui sont nécessaires pour offrir de l'intérêt et faire propager sa vente au profit de nos pauvres ?

L'éditeur du « *Petit Livre* » le désire avec ardeur.

Le lecteur me permettra de terminer cette introduction par un souhait de bonne année.

Je souhaite, pour 1885, au lecteur du « *Petit Livre*, » ce que je me souhaite à moi-même : la santé, une vie active, des amis, la constance dans l'amitié, la pitié pour plus pauvre que lui, la pratique de l'aumône faite sans le dire, l'effort continuel pour éviter ou ne pas mériter le blâme, le mépris des calomnies, l'indulgence pour les autres, la force de caractère dans l'adversité et contre les obstacles, pas d'autre haine que celle du mal, les sentiments élevés et la paix du cœur.

Je souhaite au lecteur du « *Petit Livre*, » pour 1885, de ne jamais faire aux autres ce qu'il ne voudrait pas qu'on lui fit.

J. H. R. L.

Mariages, naissances, décès en 1884.

Le nombre des mariages à Sourdeval a été de 22 pendant l'année 1884.

Nous ne pouvons indiquer si la population de la commune a augmenté ou diminué, si le nombre des départs est supérieur ou inférieur à celui des arrivées : mais les décès ont dépassé les naissances : il y a eu 103 naissances et 131 décès.

Les naissances et les décès se répartissent de la manière suivante :

Naissances : garçons : 60, filles : 43
Décès : sexe masc. : 74, fém. : 57

Les 131 décès comprennent :

4	enfants présentés sans vie.		
20	« âgés de moins de		1 an
27	« âgés de	1 à	7 ans
4	enfants ou adultes »	7 à	20 »
30	adultes »	20 à	60 »
16	» »	60 à	70 »
14	» »	70 à	75 »
7	» »	75 à	80 »
2	Marie-Anne Clouard, Vve Dugué,		82 »
3	Marie-Jeanne Lepetit, Marie Leroy, v^ve^ Rogues, Marie Landelle, v^ve^ Dupont,		83 »
2	Romain Lerogeron, Marie Lemoine, v^ve^ Robe,		85 »
1	Marie-Anne Eude,		92 »
1	Catherine Boussé, v^ve^ Châtel,		93 »

131 décès.

Elections municipales

Le conseil municipal a été renommé en 1884 : les électeurs se sont portés en grand nombre et avec empressement au scrutin : 810 électeurs y ont pris part ; on peut dire avec vérité que les conseillers élus sont la représentation sincère et exacte de la population de la commune. Les divisions suscitées à cette occasion, au sujet de notre asile, et les annulations prononcées par le conseil de Préfecture — soumises en ce moment au Conseil d'Etat —, nous engagent à nous abstenir de citer les résultats de l'élection. Notre désir le plus vif, de tous les jours, de toutes les heures, est que cette maison où chacun de nous a sa pierre payée par lui, son meuble donné par lui, soit administrée de manière à faire le bien en vue duquel elle a été construite, à ne pas être une cause de discorde à Sourdeval ; que, pour arriver à ce résultat, le comité soit composé de Sourdevalais, et que le bureau de Bienfaisance et le Conseil municipal puissent contrôler les recettes et les dépenses et la tenue de la maison.

En 1884, le conseil a perdu deux de ses membres : M. Michel Maudnit, de la Rouerie, doyen du Conseil, conseiller depuis 1846, est mort le 1er juin. — M. Ferdinand Tostain, 1er adjoint de Sourdeval, suppléant du Juge de Paix du canton, conseiller municipal depuis 1860, est décédé aussi, le 24 décembre, et nous sommes encore sous le coup de l'émotion dont la perte de ce citoyen dévoué et généreux a frappé l'immense majorité de notre population sourdevalaise.

Location des droits de terrage

Le 2 décembre dernier, la commune de Sourdeval a renouvelé la location, pour trois années, des droits de terrage et pesage publics, à partir du 1er janvier 1885.

La perspective de l'ouverture du service à la gare de Sourdeval a eu déjà pour résultat de faire monter les prix d'adjudication au-dessus de ceux de l'ancien traité.

Le petit marché et la halle se sont élevés à 5,800 fr. au lieu de 4,800 fr.

La foire à 3,000 fr. au lieu de 2.250 fr.

Le pesage à 930 fr. au lieu de 705 fr.

Le produit annuel total est de 9,730 fr., au lieu de 7,455 fr. La commune trouve là une augmentation de revenu de 2,275 fr.

Si cette ressource se maintient, elle suffira, au moins dans une grande proportion, si ce n'est en totalité, pour permettre à la commune de faire face au paiement de l'intérêt et de l'amortissement d'un emprunt pour la canalisation de nos eaux publiques et la création de nos bornes-fontaines, réservoirs et lavoirs publics.

Maison d'école des garçons.

Le projet de construction d'une nouvelle école de garçons ne se réalisera probablement pas aussi vite que l'aurait désiré la commune : les dépenses considérables que le gouvernement a consenties pour venir en aide aux communes, ont épuisé les ressources disponibles, et il nous faudra sans doute subir un délai avant d'obtenir les subventions.

Le chemin de fer.

Notre pays attend toujours avec impatience la mise en exploitation du chemin de fer de Chaulieu à Sourdeval. La voie est achevée, la gare provisoire de Sourdeval est prête, le télégraphe est installé. L'attente ne peut maintenant se prolonger au-delà de quelques semaines, et l'on peut espérer qu'avant la fin du mois de janvier le pays jouira enfin de cette voie ferrée réclamée par nous depuis 1865 et que certaines personnes prédisaient ne devoir jamais se faire.

Mais ceux qui ont contribué de leurs capitaux à cette entreprise, peuvent-ils, en outre des avantages que leur procurera le chemin de fer, espérer des intérêts sur leurs actions ?

Les recettes de l'exploitation de Montsecret à Chaulieu se sont élevées, du 1er janvier au 30 juin dernier, à 44,390 fr., et les dépenses à 57,507 fr., laissant un déficit de 13,117 fr., soit 772 fr. par kil., correspondant à fr. 1,544 par kilomètre et par an. Mais peut-être l'exploitation arrivant à Sourdeval améliorera-t-elle les affaires de la compie.

Les chemins de fer d'intérêt local existant dans nos environs ne sont pas, en général, dans de brillantes conditions d'exploitation.

Les recettes ont été, pendant le 1er semestre de 1884, pour les lignes de :

		Par an
Montsecret-Chérencé	fr. 44.390 ou	fr. 5.222 p. k.
Briouze-la Ferté-Macé	fr. 31.969	4.568 p. k.
Alençon-Condé-sur L'Huisne	fr. 143.166	4.338 p. k.
Falaise-Berjou . . .	fr. 31.642	2.260 p. k.

Les dépenses de pure exploitation ont dépassé les recettes sur toutes les lignes, et les déficits ont été, pour les lignes de :

Montsecret-Chérencé, de	772 fr.	par kil.
Briouze-Ferté-Macé, de	1.408 fr.	—
Alençon-Condé, de . . .	207 fr.	—

Ainsi les chemins de fer d'intérêt local existant dans l'Orne et la Manche, ne font pas des recettes suffisantes pour payer leurs frais d'exploitations et ils ont, en outre, à rémunérer leurs actions et leurs obligations formant la plus grande part du capital employé à la construction de leurs lignes.

Ce capital dépensé s'élevait du 30 juin 1884, pour :

Montsecret-Cherencé . .	28 k. à fr.	2.677.885
Briouze-la-Ferté	14 k. à	2.812.500
Alençon-Condé.	66 k. à	10.292 209
Falaise-Berjou	28 k. à	6.407.600

Désirons que les actionnaires de la ligne de Montsecret voient leurs affaires s'améliorer, quand le service se fera jusqu'à Sourdeval ; mais en attendant, un grand nombre d'entre eux sont industriels ou commerçants et trouvent déjà dans les avantages qu'ils retirent du chemin de fer pour leurs transports, une forte rémunération des capitaux qu'ils ont engagés dans l'entreprise.

Elections sénatoriales

Le président de la République vient de promulguer la loi, votée par le Sénat et la Chambre des députés, qui modifie les conditions des élections pour le Sénat.

En vertu de cette loi, il ne sera plus nommé de Sénateurs inamovibles ; tous les Sénateurs seront élus par les départements et les colonies. Le nombre des Délégués sénatoriaux sera en proportion avec la population des communes.

Le département de la Manche aura droit à un quatrième siège de Sénateur, dont il jouira dans l'avenir, quand il sera désigné par le sort, à la suite de décès ou de démissions des Sénateurs inamovibles.

Les 9 communes du canton de Sourdeval, qui n'envoyaient à Saint-Lo, que neuf délégués, un par commune, pour concourir à l'élection des Sénateurs de la Manche, seront représentées désormais par 24 délégués savoir :

	Populat. Hab.	Conseill. munic.	Délég.
Sourdeval	3932	23	9
Vengeons.	1249	12	2
Le Fresne Poret. . . .	739	12	2
Perriers	718	12	2
Gathemo	652	12	2
Brouains	537	12	2
St-Martin Ch	512	12	2
Beauficel	503	12	2
St-Sauveur Ch.	172	10	1
	9.014 H.	117 C. M.	24 D.

Sourdeval élira en outre deux Délégués suppléants et les huit autres communes un Délégué chacune.

Chemins vicinaux

Le Conseil municipal a fait achever en 1884, le chemin n° 185 qui dessert les villages de la

Moinerie, la Françaisière, la Palissière, Beau-soleil, les Houlptières, la Blandellière et le Meslier, sur toute l'étendue où il a pu disposer des terrains.

Il ne reste qu'une lacune d'environ 500 mètres de longueur, à la Blandellière et aux Houlptières, pour laquelle il faut recourir à l'expropriation.

Le jugement d'expropriation a été rendu le 13 novembre : le jury doit se réunir prochainement et il est permis d'espérer que le chemin sera livré à la circulation dans toute son étendue au printemps de 1885.

Les habitants de trois régions de notre commune réclament depuis longtemps, et avec instances, la construction ou le classement de trois nouveaux chemins vicinaux, pour les mettre en communication avec le bourg : c'est le chemin du Bois de Vengeons au bourg, celui de la Mazure-Hamon à la Richardière et celui de la Mazure-Hamon au chemin de Saint-Clément.

Les ressources affectées à la vicinalité sont absorbées en grande partie par les frais d'entretien qui portent maintenant sur une longueur bien augmentée : mais l'ouverture de nouveaux chemins vicinaux devra être l'objet de la sérieuse attention du conseil municipal.

Procès-verbal de la Constitution de la nouvelle municipalité de Sourdeval-la-Bâre, année présente, 1790.

L'an mil sept cent quatre-vingt-dix, le dimanche trente-unième jour de janvier, dans la nef de l'église de la paroisse de Sourdeval, sur les onze heures du matin, issue de la grande messe paroissiale du dit lieu et au son de la cloche.

En conséquence des invitations faites au prône de dimanche dernier vingt-quatre du présent mois, réitérées à celui de ce jourd'hui et des publications et affiches faites les dits jours des décrets de l'assemblée nationale sanctionnés par le Roy pour l'établissement de nouvelles municipalités dans toute l'étendue du royaume ensemble des lettres patentes sur ce données par sa Majesté, desquels décrets et lettres patentes copiées vont être ci-contre attachées pour servir d'enregistrement.

Les utiles invitations et publications faites de la réquisition de messieurs les *anciens officiers municipaux* par le sieur *Macé de la Mannière leur sindic.*

Se sont assemblés les habitants en général, les présentés faisant fort pour les absents, lesquels, après que le sieur *Clouard*, avocat, choisi à cette fin par le corps municipal, les a instruits que l'objet de la présente convocation était de constituer une nouvelle municipalité selon les principes adoptés et les formes prescrites par les dits décrets de l'assemblée nationale dont il leur a donné lecture et explication, ont procédé à la constitution de cette nouvelle municipalité ainsi qu'il suit :

Primo, il a été généralement reconnu que la

population de ladite paroisse excède le nombre de trois mille âmes et qu'en conséquence, pour se conformer à l'article vingt-cinq des décrets du quatorze décembre dernier, la nouvelle municipalité devait être composée de neuf officiers municipaux y compris le maire, un procureur de la commune et dix-huit notables.

Secundo, il a été généralement convenu, sans aucune opposition, que la valeur locale d'une journée d'ouvrier serait estimée à quinze sols, et qu'en conséquence, et suivant les décrets de l'assemblée nationale, il fallait pour être citoyen actif, payer une contribution directe, savoir *de deux livres cinq sols* au moins pour être électeur et *de sept livres dix sols* au moins pour être éligible au corps municipal, en outre les autres qualités requises.

Les rôles des impositions principales ayant donc été mis sur le bureau, et les décrets sur les qualités requises pour être électeur et éligible lus pour la dernière fois, on a procédé au triage et examen des citoyens actifs présents; à mesure que chacun s'est présenté et a été reconnu pour avoir les qualités requises, il a été inscrit au nombre des citoyens actifs, s'est tiré de la multitude, et a passé dans le chœur de ladite église, lieu destiné pour faire l'élection; ne s'étant plus présenté personne les citoyens présents et reconnus actifs ont pris chacun leur place, au nombre de *cent quatre-vingt quatre*.

Pour ensuite procéder aux élections d'un président et d'un secrétaire de l'assemblée, ainsi que de trois scrutateurs, on a d'abord choisi les personnes des sieurs *André Trochon*, *Guillaume Gallouin* et *Guillaume Bochin Marette* comme étant les plus anciens d'âge de l'assemblée, pour, aux termes des articles dix et onze dudit décret du 14 décembre dernier, recueillir, ouvrir et dépouiller les scrutins par lesquels lesdits président, secrétaire et scrutateurs devaient être élus.

Ce fait, on a procédé à l'élection d'un président et d'un secrétaire, par un seul scrutin de liste, et les voix ayant été recueillies et comptées par lesdits ci-dessus plus anciens d'âge, ces derniers ont proclamé le sieur *Michel Vaullegeard Préville* pour président de la présente assemblée et le sieur *Ledieu de la Ruaudière* pour en être secrétaire, comme ayant obtenu l'un et autre, chacun pour sa place, la pluralité relative des suffrages.

Et vu qu'il s'est trouvé près de dix heures du soir, l'assemblée a été renvoyée par forme de continuation, au lendemain lundi premier février au dit an, au même lieu sur les neuf heures du matin.

Auquel jour lieu et heure les citoyens actifs se sont rassemblés aux fins de continuer leurs opérations ; mais auparavant que de passer à aucune autre élection ; on a commencé par faire et recevoir le serment ordonné par l'article deux du décret des vingt-neuf et trente décembre dernier.

En conséquence, le sieur Michel Vaullegeard, élu président, et le sieur Ledieu de la Ruaudière, élu secrétaire, ont juré, en présence de toute l'assemblée, et les mains levées vers le Ciel, de maintenir de tout leur pouvoir la constitution du Royaume, d'être fidèles à la nation, à la loi et au Roy, de choisir en leur âme et conscience les plus dignes de la confiance publique, et de remplir avec zèle et courage les fonctions civiles et politiques qui leur sont, et pourront leur être confiées ; après quoi M. le Président ayant pris la place qui lui était destinée, il a fait prêter le serment, dans la même forme, et les mêmes expressions, à tous et un chacun des citoyens actifs composant ladite assemblée.

Ce serment respectivement prêté, on a procédé de suite à l'élection, par scrutin de liste, de trois scrutateurs pour, aux termes de l'article onze dudit décret, ouvrir tous les scrutins subséquents, les dépouiller, compter les voix et proclamer les résultats, et par le résultat du dit scrutin de liste, les sieurs Charles-Gabriel *Lamy*, Jean-François *Vaullegeard*, et Charles *Anfray*, chirurgien, ayant obtenu la pluralité relative des suffrages, ont été proclamés scrutateurs.

M. le président, le secrétaire et les trois scrutateurs étant élus, et par conséquent l'assemblée légalement formée, il a été question de procéder à l'élection des officiers de la nouvelle municipalité, en commençant par celle du maire, à laquelle on a en conséquence procédé de suite par voie du scrutin individuel ; et après que le dit scrutin a été recueilli et dépouillé par les susdits scrutateurs, ces derniers ont déclaré que le sieur Guillaume *Macé de la Mannière* avait obtenu la pluralité absolue des suffrages, pour quoi il a été proclamé légalement élu pour Maire de la nouvelle municipalité.

Cette élection faite, on a procédé à celle des huit officiers municipaux, par scrutin de liste double ; par le résultat du premier tour de scrutin, les scrutateurs ayant déclaré que les cinq personnes ci-après avaient obtenu chacun la pluralité absolue des suffrages, on a proclamé pour premier officier municipal le sieur *Michel*

Millet la Hiaule, ayant eu quatre-vingt-une voix; pour second *Julien Landelle*, ayant eu soixante-dix-huit voix ; pour troisième le sieur *Pierre Cotret* Maison Neuve, ayant eu soixante-treize voix; pour quatrième le sieur *Charles-Gabriel Lamy*, ayant également eu soixante-treize voix, et pour cinquième le sieur *Denis Regnault*, ayant eu soixante-six voix.

Et vu qu'il ne s'en est point trouvé d'autres qui de ce premier tour de scrutin aient obtenu la pluralité absolue des suffrages, et requise par l'article vingt-et-un du dit décret pour être élu officier municipal, il a été résolu, au terme du dit décret, de passer à un second tour de scrutin pour l'élection des trois autres officiers municipaux, mais comme il s'est trouvé près de neuf heures du soir, M. le président a renvoyé la continuation de l'assemblée au lendemain mardi deux février, issue de la Grande Messe au même lieu.

Auquel jourd'hui et heure, les citoyens actifs s'étant rassemblés pour continuer leurs opérations, on a procédé à un second tour de scrutin de liste double, afin d'élire les trois officiers municipaux qu'il fallait encore pour compléter le nombre requis, mais après que ce second tour de scrutin a été dépouillé, les scrutateurs ayant déclaré qu'aucun éligible n'avait obtenu la pluralité absolue des suffrages et requise pour être élu, l'assemblée a procédé au troisième et dernier tour de scrutin et liste double, par lequel, aux termes du dit article 21 du décret, il suffit pour être élu d'obtenir la pluralité relative.

Ce troisième tour de scrutin ayant donc été recueilli et dépouillé, les scrutateurs ayant déclaré que les trois personnes ci-après avaient obtenu la pluralité relative des suffrages, on a proclamé pour sixième officier municipal, sieur François *Durand Beduaudière*, ayant eu quarante-sept voix ; pour septième le sieur Guillaume-Michel *Leroy Doueśnellière* ayant eu quarante-six voix, et enfin le sieur André *Heurtaut* de la Guesnelière ayant eu trente-huit voix pour huitième officier municipal. Les scrutateurs ont de plus déclaré que le sieur Thomas *Miquelard* Maison-Neuve, qui a eu trente-deux voix, et le sieur Pierre *Ledru le Taillis*, qui en a eu trente, sont ceux qui après les élus ci-dessus, ont obtenu le plus de suffrages.

Cela fait, monsieur le président, vu qu'il était environ huit heures du soir, a renvoyé la continuation de l'assemblée au lendemain mercredi, trois du présent mois de février sur les huit heures du matin au même lieu, auquel lieu jour et heure les citoyens actifs s'étant en conséquence rassemblés et M. le président ayant repris sa place, on a procédé à l'élection, par un seul scrutin de liste, au terme trente du dit décret, des dix-huit notables.

Et après que les scrutateurs ont recueilli, et dépouillé le dit scrutin, ils ont déclaré que les dix-huit personnes ci-après ont obtenu la pluralité relative des suffrages et en conséquence ont été proclamés notables, savoir les sieurs :

Pierre *Janin* ayant eu trente-quatre voix, *Clouard*, avocat, ayant eu trente-trois voix, Jean-Baptiste *Hamon* ayant eu trente-deux voix, Julien *Clouard*, Gallouinière, ayant eu trente voix, André *Lelavandier*, la Croix, ayant eu vingt-huit voix, Charles *Lelavandier* ayant eu vingt-sept voix, Pierre *Lorent*, de la Reslière, ayant eu vingt-cinq voix, André *Leroy*, Bellendière, ayant eu vingt-quatre voix, Jean *Joubin*, les Jardins, ayant eu vingt-quatre voix, Pierre *Saint*, Mancellière, ayant eu vingt-quatre voix, Charles-François *Anfray*, chirurgien, ayant eu vingt-trois voix, Pierre *Lenicolays*, Pelterie, ayant eu vingt-une voix Jacques-Michel *Fauvel*, notaire, ayant eu vingt voix, Denis *Vaullegeard*, Preville, ayant eu dix-neuf voix, André *Ganné*, ayant eu dix-huit voix, Philippe-Jean *Hamon*, ayant eu dix-huit voix, Michel *Dubourg*, d'Eron, ayant eu dix-huit voix.

Les scrutateurs ont en même temps déclaré à l'assemblée que les quatre personnes, qui, après les dix-huit notables élus ci-dessus, ont obtenu le plus de suffrages, sont les sieurs Jacques *Thibault* pour quinze voix. Michel *Moulin*, Guillaume *Clouard*, Gallouinière, et Michel *Roy*, Petit-Bourg, pour chacun quatorze voix.

Enfin on a procédé à l'élection d'un procureur de la commune par scrutin individuel à la pluralité absolue et dans les mêmes formes que pour l'élection du maire, aux termes de l'article vingt-huit du dit décret, le premier tour de scrutin ayant été recueilli et dépouillé, les scrutateurs ont déclaré que le sieur Jean-François *Vaullegeard* des Pestils avait obtenu, dès ce premier tour de scrutin, la pluralité absolue des suffrages; en conséquence il a été proclamé Procureur de la commune, sans qu'il ait été besoin de passer à un second, ou troisième tour de scrutin.

Le maire, les huit officiers municipaux, le procureur de la commune et les dix-huit notables ayant été élus et conséquemment la nouvelle municipalité formée, M. le président a déclaré la séance finie ; mais avant de la lever, il a renvoyé à dimanche prochain issue de la grande messe paroissiale, les dits maire et autres membres du nouveau corps municipal, pour par eux prêter solennellement dans cette église, et en présence de toute la commune, le serment ordonné par l'article quarante-huit du décret du 14 décembre dernier, de maintenir de tout leur pouvoir la constitution du royaume, d'être fidèles à la nation, à la loi et au roy, et de bien remplir leurs fonctions. A l'effet de quoi M. le président a averti tous les membres de l'assemblée de se trouver au dit serment au dit jour, lieu et heure dont il sera également donné avis à toute la commune au prône de la grande messe du dit jour dimanche prochain. Fait et arrêté ce dit jour trois février mil-sept-cent-quatre-vingt-dix. Ensuite ont signé : M. *Vaullegeard*, Le Dieu Ruaudière, Macé Mannière, J. Landelle, D. Regnault, M. Millet, P. J. Cotret, C. G. Lamy, A. Heurtault, F. Durand, G. M. LeRoy, Clouard, *Vaullegeard*, J. B. Hamon, P. Janin, *D. Vaullegeard*, J. Fauvel, P. Lenicollays, Pierre Saint, C. Le Lavendier, J. Joubin, P. H. J. Hamon. Anfray, M. Dubourg, J. Clouard, Pierre Lorent, Georges Aubé, Jean Esnout, Th. M. Bidois, Jacques Millet, Michel Leroy, André Ganné, Philippe Fleury, P. Davy, Michel Micquelard, R. P. Gaullard, C. Bazin, G. U. Daniel, Jean Lejemb'e, T. H. Micquelard, A. Le Lavendier, André Leroy, J. Heurtault, Pierre Ledru, Radout, F. Ledru, Guillaume Millet, Michel Regnault, A. Heurtaut, le tout dans la minute demeurée au greffe de la municipalité de cette paroisse pour y avoir recours en cas de besoin.

TABLEAU DES MUNICIPALITÉS

Qui ont administré la commune de Sourdeval depuis le décret de l'Assemblée Nationale du 14 déc. 1789, sanctionné par lettres-patentes du roi Louis XVI pour l'établissement de nouvelles municipalités dans toute l'étendue du royaume.

RÈGNE DE LOUIS XVI

Assemblée constituante

Mai 1789. — Octobre 1791

Constitution du Conseil général de la commune, le mercredi 3 février 1790.

Maire :

M. Guillaume MACÉ DE LA MANNIÈRE, syndic des anciens officiers municipaux.

(Nommé avec la pluralité absolue des voix le lundi 1er février)

Huit officiers municipaux

MM.

1.	Mich. MILLET, la Hiaule, élu par.	81 voix.
2.	Julien LANDELLE	78
3.	Pierre COTRET, Maisonneuve. .	73
4.	Charles-Gabriel LAMY	73
5.	Denis REGNAULT	66

(Élus au 1er tour 1er février)

6.	Franç. DURAND, Beduaudière .	47 voix.
7.	Guill.-Mich. LEROY, Doucsnelière	46
8.	André HEURTAUT, Guesnelière.	38

(Élus au 3e tour le 2 février)

Deux officiers municipaux suppléants.

(Ceux ayant obtenu le plus de voix après les élus).

1. Thomas MIQUELARD Maisonneuve. 32 voix.
2. Pierre LE DRU Le Taillis. 30

Dix-huit notables (3 février).

1. Pierre JANIN élu par. . . . . . . 34 voix.
2. CLOUARD, avocat 33
3. Jean-Baptiste HAMON 32
4. Julien CLOUARD, Gallouinière. . 30
5. André LELAVENDIER, La Croix. 28
6. Charles LELAVENDIER. 27
7. Pierre LORENT, de la Reslière . 25
8. André LEROY, Bellendière. . . 24
9. Jean JOUBIN, Les Jardins. . . . 24
10. Pierre SAINT-MANCELLIERE. . 24
11. Charles F[ois] ANFRAY, chirurgien. 23
12. Pierre LENICOLAIS, Pelterie. . 21
13. Jacques-Michel FAUVEL, notaire. 20
14. Denis VAULLEGEARD, Préville . 19
15. Guillaume MILLET, Verrerie . . 19
16. André GANNÉ 18
17. Philippe-Jean HAMOM 18
18. Michel DUBOURG, d'Eron. . . . 18

Quatre notables suppléants.

(Ceux ayant obtenu le plus de voix après les élus).

1. Jacques THIBAULT. . . . . . . 15 voix.
2. Michel MOULIN 14
3. Guillau. CLOUARD, Gallouinière. 14
4. Michel LEROY, Petitbourg. . . 14

Procureur de la commune

M. François VAULLEGEARD DES PESTILS

(Nommé le 8 février à la pluralité absolue des voix).

CONSTITUTION
DU
CONSEIL GÉNÉRAL DE LA COMMUNE

Le 15 février 1790

Par la municipalité élue le 3 février.

Bureau :

MM. MACÉ-MANNIÈRE, maire
Charles-Gabriel LAMY
Louis-François DURAND
Officiers municipaux.

Conseil :

MM. les 6 autres officiers municipaux (page 26)
les 18 notables (page 27)

Greffier du Conseil : M. Pierre-André TROCHON

RENOUVELLEMENT PAR MOITIÉ

En novembre 1790 des officiers municipaux et notables.
Tirage au sort et élection le 17 novembre.

Officiers sortants

MM. Julien LANDELLE DE LA RIVIÈRE
Charles-Gabriel LAMY
Guillaume-Michel LEROY
Pierre COTRET

Election de quatre officiers municipaux.

Le 17 novembre 1790.

1er tour. Votants : 47

MM.
1. Jean JOUBIN 9e notable. . . . . 34 voix.
2. Jacques THIBAULT 1er not. suppl. 32

3e tour. Votants : 39

3. And. LELAVENDIER-LACROIX, 5e not. 20
4. Pier. LEDRU-LETAILLIS, 2e off. suppl. 20

Notables

Sortis au tirage :

MM.
Pierre JANIN 1er notable. . . . . .
Charles LELAVENDIER 6e notable
André LEROY 8e »
Jean JOUBIN 9e »
Pierre SAINT 10e »
Charles-François ANFRAY 11e »
Jacques-Michel FAUVEL 13e »

Elus le 18 *nov. Votants* : 29

1. Julien LEDRU-BOTELLERIE. . . 24 voix.
2. Charles-Gabriel LAMY, off. sortant. 18
3. Pierre-Jean COTRET. 17
4. Thomas MIQUELARD-MAISONNEUVE suppl. sort. 16
5. Charles-François ANFRAY. . . . 11
6. Noël-Jean DANGUY. 10
7. Michel LEROY, Petitbourg, sortant 10
8. Gilles BAZIN. 9
9. Charles LELAVENDIER, sortant . 9
10. Charles-Michel FAUVEL » 8

Assemblée législative (oct. 1791)

RENOUVELLEMENT DE LA MUNICIPALITÉ PAR LES CITOYENS ACTIFS RÉUNIS DANS L'ÉGLISE EN NOVEMBRE 1791.

Élection du maire (14 nov.)

M. MACÉ-MANNIÈRE par . . . . . . 56 voix.
(Élu au 2e tour de scrutin)

Élection de quatre officiers (15 nov.)

MM.
Jean COPTÉ DUBOURG, Frévallet. . 78 voix.
Phil.-Jean HAMON, La Mazure, not. 69

Jacques-Fr. LEBRETON, Grand-Noë 67 voix.
Jacq. MIQUELARD, du Gué-Angeray 65

Élection de neuf notables (16 nov.)

Votants 30

MM.

CLOUARD, homme de loi, not. sortant 27 voix.
Grégoire-Marie HEURTAUT, Hutière 19
Denis VAULLEGEARD, not. sortant. 19
André HEURTAUT, de la Hutière. . 19
Jean LEDRU-LA-FONTAINE 18
Pierre JANIN, anc. not. (février 1790). 12
Julien LEDIEU. 10
Guill. MILLET, Verrerie, not. sort . 9
André LAMY 6

Suppléants :

Michel DUBOURG, not. sort. 6
Denis LEROY-BOUVIER 5
Michel MOULIN 5
Pierre LENICOLAIS, Pelterie, not. sort. 5
Jacques LOUVRIER 4

Election du procureur de la commune.

Votants : 55

M. Julien LEDIEU-RUAUDIÈRE . . . 35 voix

COMPOSITION DU BUREAU DE LA MUNICIPALITÉ.

MM. MACÉ-MANNIÈRE, maire.
Pierre LEDRU-LE-TAILLIS } off. munic.
Jacques THIBAULT, }

Démission de M. MACÉ-MANNIÈRE, maire le 25 novembre 1791.

(Retirée, puisque M. Macé-Mannière préside l'assemblée du Conseil général de la commune le 6 janvier 1792).

6 janvier 1792.

NOMINATIONS PAR LE CONSEIL GÉNÉRAL
DE LA COMMUNE

M. Charles BOROMÉE-LALOUEL,
Trésorier de la commune, sans traitement.

Jacques MIQUELARD, de la Françaisière,
Trésorier de la Fabrique de l'Eglise.

5 février 1792, 4e année de la liberté.

M. Charles GABRIEL-LAMY, adjudicataire de la charge de ramasser et faire payer les impositions foncières, mobilières et autres de 1792, pour 24 livres de rémunération.

PREMIÈRE RÉPUBLIQUE

21 septembre 1792

Convention nationale

21 octobre 1792. — An Ier de la République française

Prestation de serment par les membres de
la municipalité et par M. Le curé Santerre

16-18 décembre 1792. An IV de la Liberté,
Ier de la République française

RENOUVELLEMENT DU CONSEIL GÉNÉRAL
de la commune
par les citoyens actifs réunis dans l'Eglise

Maire :

1er tour de Scrutin : Votants, 176

M. HEURTAUT HUTIÈRE. . . 80 voix.
M. DURAND BEDUAUDIÈRE . 57

(*Sans résultat*)

2me tour : Votants 131

M. DURAND BEDUAUDIÈRE .

élu et proclamé maire

Huit officiers municipaux

1er tour : Votants 62

MM.

1. Den. VAULLEGEARD, mait. pap. 36 voix.
2. Michel LEROY, Petit Bourg. . . 35

2me tour : Votants 70

3. Guillaume MILLET, Verrerie . . 35 voix.
4. Jean-Grégoire-Marie HEURTAUT 31
5. Pierre LENICOLAIS, Pelterie. . 31
6. Mich. MOULIN, maréc. au bourg. 29
7. Pierre JANIN, au bourg 25
8. Charl. LELAVENDIER, Rossais. 21

Six officiers municipaux suppléants :

MM.

LALOUEL, négociant au bourg.
LANDELLE, à la Gonfrére.
André LAMY, au bourg.
LEDRU-BOTELLERIE père.
Michel DUBOURG.
Pierre DAVY.

Procureur de la commune :

votants : 57.

M. François RONDEL, élu par 38 voix.

Dix-huit notables :

votants : 61.

MM. voix.

1. Charles DUBOURG, au Souchet. . . . 31
2. Pierre MOULIN, à la Rançonnière. . . 26
3. Thomas MIQUELARD, Maisonneuve. . 24

4. Thomas GOBARD, de la Nicolière. . . 24
5. Jean ERARD. de la Côrie. 22
6. Thomas MIQUELARD, de la Bensière . 22
7. HEURTAUT fils André, Guesnelière . . 22
8. Gilles BAZIN, boucher au bourg. . . . 20
9. HEUDES, horloger. 20
10. Jacques LEVESQUE, de la Rouerie . . 20
11. Pierre SAINT, Mancellière 20
12. Julien CLOUARD, aux Hauts-Brulays . 19
13. Denis LEROY, Boussardière, au bourg. 19
14. Michel PALIX, au Bas-Brulays. 19
15. Guillaume BOCHIN père, au Meslier. . 19
16. Pierre LEROY-JARDIN, au bourg. . . 19
17. Guillaume RIFFAULT, aux Touchardières 18
18. Julien HAMEL, de la Mazure 18

Plus 12 notables suppléants.

7 janvier 1793.

Le citoyen Julien RONDEL, nommé par le Conseil général de la commune, par 18 voix sur 24 votants, secrétaire greffier de la municipalité, aux appointements de 60 livres.

13 janvier 1793. — An II de la République Française

Le citoyen Julien-Denis LEDIEU RUAUDIÈRE proclamé adjudicataire de la fonction de receveur des impositions de 1793, foncières, mobilières et autres, même les droits de patente, pour la somme de 350 livres.

20 janvier 1793. — An II de la République Française

Les citoyens SANTERRE, curé, et LALOUEL, vicaire, nommés par le Conseil général de la commune pour rédiger les actes de naissances, mariages et décès, conformément à la loi du 22 septembre 1792.

10 février 1793

Élection du maire en remplacement du citoyen Durand, décédé.

Le citoyen Jean LEDRU-LAFONTAINE, notable, nommé maire au 2e tour de scrutin par 49 voix sur 73 votants.

2 septembre 1793

An II de la République Française, une et indivisible.

Le citoyen Pierre JANIN officier municipal, est nommé par le Conseil général pour rédiger les actes de naissances, mariages et décès, sur la demande, en date du 29 août 93 du citoyen François RONDEL, procureur de la commune que les citoyens SANTERRE et LALOUEL soient déchargés des actes de l'état civil.

21 Germinal an II — 11 avril 1794

Les citoyens SANTERRE et LALOUEL cessent leurs fonctions de prêtres.

1er Floréal. — 2e année Républicaine

(21 avril 1794)

Installation de la nouvelle municipalité, nommée en date du 1er Germinal an II (22 mars 1794), par les citoyens GUESDON, agent national du directoire du District, ROBILLARD, adjoint pour le comité de surveillance, et Eugène CROSNIER, délégués par le représentant du peuple.

Maire :

Le citoyen DUPONT, fabricant de papier, à la place du citoyen Jean LEDRU LA FONTAINE.

Officiers municipaux

Les citoyens Julien MAUPAS, serrurier.

Pierre LE MERCIER, à la place de :

Michel LANDELLE.
Denis VAULLEGEARD.

Agent national de la commune

Le citoyen Gabriel LALOUEL, Maisonneuve, à la place de François RONDEL, démissionnaire le 10 Pluviôse an II (30 janvier 1794).

Notables

Les citoyens Guillaume BOCHIN fils.
Charles-Guillaume LELAVENDIER.
Jean LEDRU.
Guillaume DURAND, à la place de:
Pierre SAINT.
Guillaume BOCHIN-MESLIER.
Julien CLOUARD
et Pierre LEROY-JARDIN.

Membres du comité de surveillance

Les citoyens Victor MILLET, chirurgien.
André LELAVENDIER père, à la place de Louis GAILLARD,
Philippe-Jean HAMON.

6 Prairial an II. — 26 *mai* 1794

Le Conseil général de la commune, la Patrie étant en danger, se déclare en permanence, jour et nuit et nomme trois gardes-champêtres, les citoyens Gabriel RONDEL, Jacques BAZIN et Denis DÉZERT, qui font des tournées jour et nuit.

26 Nivôse an III. — 16 *janvier* 1795

Démission de Denis Leroy BOUSSARDIÈRE, officier municipal.

30 Pluviôse an III. — 19 *février* 1795

Le Conseil général de la Commune invite le

curé Santerre à sortir de la ci-devant maison presbytérale et, le 20 ventôse, il lui donne un délai de deux décades pour vider les lieux.

20 Ventôse an III. — 11 *mars* 1795

Le citoyen Charles-Louis-Gabriel LELAVENDIER Rossais, est nommé par le Conseil général de la Commune pour rédiger les actes de naissance, mariage et décès.

26 Ventôse an III. — 17 *mars* 1795

Démission du citoyen Pierre DUPONT, maire, adressée au Directoire et au citoyen LEGO, représentant du peuple en mission dans le département de la Manche et remise au Conseil général de la Commune.

27 Ventôse an III. — 18 *mars* 1795

Le citoyen Julien RONDEL, greffier, demande que ses appointements soient portés à 300 livres.

14 Floréal an III. — 4 *mai* 1795

Démission de Julien LEDRU, officier municipal. (Vu le moment critique et à cause des malveillants).

23 Prairial an III. — 12 *juin* 1795.

Démission de Michel MOULIN, officier municipal, vu que ses collègues ne veulent plus opérer et qu'il a été le seul à se présenter.

25 Messidor an III. — 14 *juillet* 1795

Réunion du conseil général de la Commune convoquée par le citoyen Gabriel LALOUEL, Maisonneuve, agent national de la commune, conformément à l'arrêté du Représentant du

Peuple Bouret, en date du 12 messidor, et à la lettre de l'agent national du district du 18 messidor, pour procéder à l'installation des nouveaux officiers municipaux et notables.

Le citoyen DUPONT, maire, n'a point comparu.

Officiers municipaux

Le citoyen Michel MOULIN, présent, a accepté d'être officier municipal.

Les citoyens Jean LOISEL.
Charles DUBOURG
présents, ont refusé, crainte des chouans et à cause de leur éloignement.

Le citoyen Charles LELAVENDIER-ROSSAIS, présent, a refusé sous prétexte d'une infirmité.

Les citoyens Charles-Michel FAUVEL, notaire.
André LAMY, marchand.
Julien LEDRU
Pierre LANDELLE, de la Rivière,
n'ont point comparu.

Notables :

Les citoyens André HEURTAUT
Gilles HEUDES
Pierre DAVY, des Houlptières
Denis LEROY
Jean LEDRU
présents ont accepté d'être notables

Les citoyens Nicolas GOBARD
Julien HAMEL
Gilles BAZIN
présents ont refusé à cause de leur grand âge ou de leurs infirmités

Les citoyens François REGNAULT
Thomas MIQUELARD
Jacques LEVESQUE
Michel PALLIX, les Brulays
Guillaume RIFFAULT
André HEURTAUT, Hutière
présents ont refusé à cause de leur éloignement et crainte des chouans

Les citoyens Jean ERARD, de la Côrie
Guillaume BOCHIN, Marette
André-Charles LELAVENDIER, n'ont point comparu

Directoire. — 27 octobre 1795

CONSEIL DES 500. — CONSEIL DES ANCIENS

12 Brumaire an IV. — 3 *novembre* 1795

Julien-Jean-Baptiste ESNOULT, avocat, est élu président de l'administration municipale du canton de Sourdeval par les délégués des communes du canton.

24 brumaire an IV. — 15 *novembre* 1795

Le citoyen HAMON, ex-juge, est nommé commissaire provisoire au Directoire exécutif près l'administration municipale du canton de Sourdeval, par les administrateurs du département de la Manche à Coutances (citoyens Le Beuray, Asseline, Cauvent et Caillemer).

Années 1796, 1797, 1798, 1799

Les registres de l'Etat civil sont signés, depuis le 18 Brumaire an IV (9 nov. 1795) jusqu'au 19 Prairial an VIII (8 juin 1800), par le citoyen François-Michel-Jean VAULLEGEARD (1), agent municipal de la commune.

1. Ex-curé de Saint-Clément.

Les actes de mariages, en l'an VII et jusqu'au 10 Floréal an VIII, sont signés par le citoyen Léonor-Michel HOMO, président de l'administration municipale du canton de Sourdeval, en vertu de la loi du 13 Fructidor, an VI.

Du 30 Floréal an VIII (20 mai), jusqu'au 20 Prairial an VIII (9 juin 1800), les actes de mariages sont signés par François-Michel-Jean VAULLEGEARD, Maire de Sourdeval, en vertu des lois des 20 septembre 1792, 13 Fructidor an VI (au lieu ordinaire destiné à la séance décadaire).

Consulat

Bonaparte — Coup d'Etat du 18 brumaire an VIII.

9 novembre 1799.

20 Prairial an VIII (9 juin 1800).

Les citoyens VAULLEGEARD, agent municipal,
Grég.-Marie HEURTAUT, son adj.
Gabriel LALOUEL, Maisonneuve,
Pierre LENTAIGNE,
GALLOUIN-DUMESNIL,

réunis en la maison commune, il est donné lecture de l'arrêté du sous-préfet de Mortain, en date du 13 Prairial an VIII et des arrêtés des Consuls des 17 Ventôse et 19 Floréal an VIII et de la nomination des citoyens :

LALOUEL, Maisonneuve, comme maire définitif.
Pierre LENTAIGNE } comme adjoints.
GALLOUIN-DUMESNIL }

23 Pluviôse an X (12 février 1802).

Membres du Conseil de la commune ayant signé l'acceptation des comptes du maire :

Les citoyens 1. MACÉ-MANNIÈRE,
2. MOULIN-LAUNAY,

Les citoyens 3. FAUVEL,
4. Denis LEROY,
5. C. LELAVENDIER,
6. G. M. LEROY,
7. P. J. COTRET,
8. Ph. MILLET,
9. J. ERARD,
10. M. PALLIX,
11. André HEURTAUT.
12. M. DUBOURG.

30 Pluviôse, an XI (19 février 1803).

Les 12 mêmes membres signèrent l'acceptation des comptes du maire, sauf :
FAUVEL remplacé par Philippe HAMON
Ph. MILLET remplacé par M. MILLET
J. ERARD remplacé par Pierre LEDRU

10 Frimaire, an XII (1er décembre 1803).

Installation de GALLOUIN-DUMESNIL, 2e adjoint, nommé Maire à la place de LALOUELi décédé, par arrêté du préfet en date du 3 Fr-, maire, an XII.

Jean JOUBIN-LES-JARDINS, nommé 2e adjoint.

24 Ventôse, an XIII (15 mars 1804).

Quatorze membres du conseil ont signé l'acceptation du compte du percepteur : ce sont 10 anciens membres, plus :

J.-F. LEBRETON, P. MESLAY, Michel LENICOLAIS, J. LECHARTIER.

—

Ier EMPIRE

Napoléon Ier, Empereur

18 mai 1804

. . . .
. . . .

17 janvier 1808

RENOUVELLEMENT DES MAIRE ET ADJOINTS

M. GALLOUIN-DUMESNIL, maire.
MM. Pierre LENTAIGNE, 1er adjoint.
Jean JOUBIN, les Jardins, 2me adjoint.

15 juin 1812

M. Pierre QUEDRUE,
nommé adjoint par arrêté du préfet en date du 13 juin 1812, après le décès de M. Lentaigne.

20 janvier 1813

RENOUVELLEMENT DES MAIRE ET ADJOINTS
par arrêté du préfet du 30 décembre 1812

Maire

M. GALLOUIN-DUMESNIL

Adjoints

MM. Jean JOUBIN, les Jardins, 1er adjoint.
Pierre QUEDRUE, 2me adjoint.

PREMIÈRE RESTAURATION

Louis XVIII

Avril 1814 — Mars 1815

. . . .
. . . .

EMPIRE — CENT JOURS

Retour de Napoléon

Mars — 18 juin 1815.

4 mai 1815.

NOMINATION DU MAIRE ET DES ADJOINTS
PAR LES CITOYENS ACTIFS

Élection du maire :

Votants 65

M. GALLOUIN DUMESNIL
Élu par 50 voix

Élection des adjoints :

Votants 54

M. André-Jean-Marie TROCHON, huissier
Élu 1er adjoint par 47 voix

M. André FLEURY, marchand épicier
Élu 2e adjoint par 37 voix.

DEUXIÈME RESTAURATION

Juin 1815. — Juillet 1830.

Règne de Louis XVIII.

6 novembre 1815.

RÉINTÉGRATION DE LA MUNICIPALITÉ
DE 1813-1814.

Maire : M. GALLOUIN-DUMESNIL.
Adjoints : MM. Pierre QUEDRUE, 1er adjoint ;
Pierre MESLAY, 2e adj., nommé par le sous-préfet de Mortain, Jean Joubin-les-Jardins étant domicilié à Saint-Clément.

18 juillet 1816.

RENOUVELLEMENT DE LA MUNICIPALITÉ

Maire :

M. GALLOUIN-DUMESNIL.

Adjoints :

MM. Pierre QUEDRUE, 1er adjoint;
Pierre MESLAY, 2e adjoint;
maire et adjoints installés le 30 décembre 1816 par M. DE LESPINASSE, sous-préfet de Mortain.

Conseillers municipaux

Dix membres nommés pour 15 ans :

MM.

1. Michel LEROY, Petitbourg
2. Jacques-Gabriel ESNEU
3. Denis-Gabriel BOCHIN-MARETTE
4. Jacques-J.-B. MIQUELARD, Hautschamps,
5. Pierre LANDELLE
6. Jacques THEBAULT
7. François-Marie DELABROIZE
8. Pierre MIQUELARD, Maisonneuve
9. Jean-François LEDRU, Maisonneuve
10. Michel LEROY, Coleudière.

Dix anciens membres devant fonctionner jusqu'en 1821.

MM.

1. Jean HAMON,
2. Jacques LEBRETON, Grand Noë
3. Michel MILLET, la Hiaule
4. Michel PALLIX, les Brulays
5. Jean ERARD

6. André HEURTAUT
7. Julien RONDEL
8. LELAVENDIER-ROSSAIS
9. Pierre MOULIN
10. Pierre LENICOLAIS, Pelterie

1817 — 15 avril

LEROGERON, nommé conseiller municipal en remplacement de Pierre LENICOLAIS, Pelterie, démissionnaire.

1819 — 25 mai

Jacques LEPETIT, nommé conseiller municipal, en remplacement de LEROGERON, changé de domicile.

1821 — 8 mars

Installation de deux Conseillers municipaux nommés par le Préfet (arrêté du 30 décembre 1820).

MM.

MAUDUIT Julien, de l'Aunay,
BAZIN-VAUROGER, en remplacement de MM. Pallix-les-Brulays et Millet la Hiaule, décédés.

1821 — 23 décembre

RENOUVELLEMENT QUINQUENNAL DU MAIRE ET DES ADJOINTS

Maire :

M. GALLOUIN-DUMESNIL.

Adjoints :

MM.

Gabriel LELAVENDIER, Rossais, 1er adjoint.
Pierre MESLAY, 2me adjoint.

RÈGNE DE CHARLES X.

1824 — 18 novembre

Installation de 4 conseillers municipaux.

MM.
François DANGUY,
Jean-Marie CŒURET,
André-Jean-Marie TROCHON,
François LEDRU, à la place de Jean HAMON, BAZIN-VAUROGER, Jacques ESNEU décédés, et Pierre MOULIN qui a quitté la commune.

1826.

RENOUVELLEMENT QUINQUENNAL DU MAIRE ET DES ADJOINTS

Maire :

M. François GALLOUIN-DUMESNIL.

Adjoints :

MM. Pierre MESLAY 1er adj.
LELAVENDIER 2e adj.

1828 — 27 mars.

Installation de 5 conseillers municipaux.

MM.
1. Pierre QUEDRUE,
2. Pierre-Julien-Jean LEDRU,
3. Denis LEROY-ROCHEFORT,
4. Thomas-Marie LEBRETON,
5. Jean CLOUARD,

A la place de Julien RONDEL et Michel LEROY décédés, Jean ERARD et LEBRETON, Grand-

Noë, démissionnaires, et BOCHIN-MARETTE ayant quitté la commune.

RÈGNE DE LOUIS-PHILIPPE

1830 — Décembre

Installation des conseillers municipaux nommés en remplacement de Jean CLOUARD, décédé, et LELAVENDIER-ROSSAIS, THIBAULT, Jacques, LANDELLE Pierre, DELABROIZE André, MIQUELARD-HAUTCHAMPS et QUEDRUE Pierre, démissionnaires :

MM.

1. TROCHON, Jean-Marie-François-Léonor
2. DEBON, André-Pierre
3. BAZIN, François-Hippolyte
4. MARIVIN, Philippe
5. LEROY-PITON, Pierre-Louis
6. MATHIEU, Joseph-Manfrey
7. DANIEL, Michel.

1831 — 25-30 Septembre

ÉLECTION DES CONSEILLERS MUNICIPAUX

Première section — Inscrits 92

25 septembre. Votants : 58

MM.

1. MESLAY Pierre . . . . 50 voix
2. LEVESQUE Michel. 50
3. BOCHIN Gme-Marie. 47
4. MIQUELARD, Maisonneuve. . . 46
5. MATHIEU Joseph-Manfrey . . . 45
6. TROCHON, notaire. 37
7. LENICOLAIS, Pelterie 31

26 septembre. Votants : 17

8. LEVIVIER, Juge de paix . . . 15 voix.

Deuxième section. — Inscrits : 69.

27 septembre. Votants : 42.

1. DEBON André-Pierre . . . . 35 voix.
2. LEROY-PITON. 29
3. RONDEL Romain, notaire. 27

28 septembre. Votants : 31.

4. BAZIN François-Hippolyte 26
5. VIGEON Théodore, médecin. . . . 17
6. LORIER Théophile. 16
7. LEROY, Petit-Bourg 13
8. VAULLEGEARD Michel. 12

Troisième section. — Inscrits : 128.

27 septembre. Votants : 45.

1. MARIVIN Philippe. . . . . 31 voix.
2. LOUVRIER J.-J. père. 30
3. DANIEL Michel père. 30
4. NOGET Jean-André. 28

30 septembre. Votants : 43.

5. BARBOT Jean-Baptiste 34
6. LANDELLE Michel. 25
7. LEBRETON Thomas 23

1832 — 11 mars

Installation du maire et des adjoints nommés par ordonnance royale du 24 février 1832.

Maire

M. TROCHON Jean-François Léonor, notaire.

Adjoints

MM.

MESLAY Pierre 1er adj.
LEROY-PITON Pierre-Louis 2e adj.

1834 — 9, 11, et 13 novembre

Election de 12 conseillers municipaux, en remplacement de la moitié sortante, désignée par le sort le 26 octobre 1834 et composée de MM. LEVIVIER, LENICOLAIS, Pelterie, LEVESQUE Michel, MATHIEU, LEROY-PITON, RONDEL Romain, LORIER Théophile, LEROY Petit-Bourg, DANIEL Michel, LANDELLE Michel, LEBRETON, Grand Noë, et MARIVIN Philippe :

MM.

1. MARIVIN Philippe
2. LEBRETON Thomas-Marie
3. LANDELLE Michel
4. RONDEL Romain
5. LEVESQUE Michel
6. MATHIEU Joseph-Manfrey
7. LEROY-PITON Pierre-Louis
8. LORIER Théophile

Conseillers sortants

9. RADOUL Jean-Baptiste
10. LEJEMBLE Pierre-Auguste
11. MIQUELARD Pierre
12. MIQUELARD Hautchamps, jeune

Conseillers nouveaux

1835 — 28 août

Installation du maire et des adjoints nommés par ordonnance royale du 5 janvier 1835.

Maire :

M. TROCHON, notaire.

Adjoints :

MM. Pierre MESLAY, 1er adjoint.
LEROY-PITON, 2e adjoint (refuse).

1837 — 11, 13, 15, 18 juin.

Élection des 11 conseillers de la moitié sortante correspondante à 1831.

MM.
1. MESLAY Pierre.
2. MIQUELARD, Maisonneuve.
3. LOUVRIER père.
4. NOGET Jean-André.
5. BAZIN François-Hippolyte.
6. VAULLEGEARD Michel.
7. THIBAUT Jacques.
8. ERARD François.
9. LEROY, Boussardière, Guillaume-Michel.
10. ROYNEL Pierre.
11. LEROY, Douesnelière, Michel-Félix.

1837 — 22 octobre.

Installation du maire et des adjoints nommés par ordonnance royale du 12 octobre 1837.

Maire :

M. MESLAY Pierre, en remplacement de M. TROCHON.

Adjoints :

MM. LEJEMBLE Pierre-Auguste 1er adj.
LORIER Théophile 2e adj.

1840 — 24, 26, 28, 30 mai.

Election de 12 conseillers nommés en remplacement de la moitié sortante correspondant à 1834.

MM.
1. MARIVIN Philippe
2. RONDEL Romain.
3. LEVESQUE Michel.
4. MATHIEU Joseph-Manfrey.
5. LORIER Théophile.
6. BADOUT Jean-Baptiste.
7. LEJEMBLE Pierre-Auguste.
8. MIQUELARD Pierre.

Conseillers sortants.

9. LENICOLAIS Jacques.
10. MIQUELARD Auguste.
11. ALIX Jean-Baptiste.
12. SAINT Julien.

Conseillers nouveaux.

1840 — 20 septembre

Installation du maire et des adjoints nommés par ordonnance royale du 30 août 1840.

Maire :

M. MESLAY Pierre

Adjoints :

MM. LEJEMBLE Pierre-Auguste, 1er adjoint.
LORIER Théophile, 2me adjoint.

1841 — 19 septembre

Installation du maire et adjoint nommés par ordonnance royale du 16 août 1841.

Maire :

M. LORIER Théophile,
en remplacement de M. MESLAY. décédé.

2me *adjoint*

M. RONDEL Romain, notaire

1843 — 16 juillet

Installation de 12 conseillers municipaux nommés en remplacement de la série de 1837.

MM.

1. MIQUELARD, Maisonneuve, Pierre-Jean.
2. BAZIN François-Hippolyte.
3. LOUVRIER Jean-Jacques.
4. LEROY Guillaume-Michel.
5. THIBAULT Jacques.
6. ERARD François.
7. LEROY Michel-Félix.
8. ALIX Guillaume.
9. PANTIN Georges.
10. PANTIN Pierre-Georges.
11. ANGER Jean-Marie.
12. MESLAY François.
13. LEPRINCE Théodore
14. AUBÉ Julien-François

(13–14) Conseillers nouveaux à la place de VAULLEGEARD et NOGET, de la série de 1837, décédés.

1843. — 15 octobre

Installation du maire et des adjoints nommés par ordonnance royale du 19 septembre 1843.

Maire

M.

LORIER Théophile

Adjoints

MM.

LEJEMBLE, Pierre-Auguste, 1er adj.

RONDEL, Romain, 2e adj.

1846. — 9, 11, 13, et 15 août

Election de 11 conseillers de la série de 1840 et de 2 conseillers de la série de 1843 en remplacement de Louvrier J. J. et Anger Jean-Marie, décédés.

MM.

1. MARIVIN Philippe
2. RONDEL Romain
3. LORIER Théophile
4. RADOUL Jean-Baptiste
5. LEJEMBLE Pierre-Auguste
6. MIQUELARD Pierre
7. MIQUELARD Auguste
8. ALIX Jean-Baptiste
9. MAUDUIT Michel
10. MAUDUIT Julien
11. LAURENT Pierre Marie
12. VIGEON Théodore
13. ANGER Pierre

1846. — 15 nov.

Installation du maire et des adjoints nommés par ordonnance royale du 1er nov. 1846

Maire

M.
LORIER Théophile

Adjoints

MM.

LEJEMBLE Pierre-Auguste 1er adj.
RONDEL Romain 2e adj.

RÉPUBLIQUE DE 1848.

1848 — 17 mars.

Installation de M. LEJEMBLE, maire provisoire, et MIQUELARD Auguste, adjoint, nommés le 14 mars par MM. VIEILLARD et HAVIN, commissaires du Gouvernement provisoire dans la Manche.

1848 — 20 août.

Installation du conseil municipal, nommé les 30 et 31 juillet au suffrage universel.

MM.

1. LORIER Théophile. . . . . 742 voix.
2. THIBAULT Jacques 692
3. ANGER Pierre-Marie. 631
4. MESLAY François 622
5. LEJEMBLE Pierre-Auguste. . . 611
6. LEROY, Boussardière 606
7. ALIX Jean-Baptiste. 595
8. ERARD François. 581
9. LORENT Pierre-Marie 562
10. MAUDUIT Michel. 560
11. SAINT Julien, à la Muzangère. . 556
12. RONDEL Romain 534
13. MIQUELARD Pierre 420
14. HEURTAUT Pierre, médecin. . 313
15. PALLIX Pierre-François 296
16. ESNOULT Laurent. 292
17. MIQUELARD Auguste 288
18. LEROY, Douesnelière. 287
19. LANDELLE Georges 270
20. LANDELLE Victor 263

21. VIGEON Théodore . . . . 256 voix.
22. PANTIN Pierre-Geo. 249
23. GREZEL Julien. 249

1848 — 28 août.

Nomination du maire et des adjoints par le conseil municipal.

Maire :

M. LORIER Théophile.

Adjoints :

MM. LEJEMBLE Pierre-Auguste et RONDEL.

1852 — 7 Août

Installation du maire et des adjoints nommés par le président de la République.

Maire :

Décret du 30 juillet

M. LORIER Théophile

Adjoints :

MM. LEJEMBLE, Pierre-Auguste, 1er adjoint.
RONDEL, Romain, 2e adjoint.

1852 — 17 Octobre

Installation du Conseil nommé les 11, 12, 18 et 19 septembre.

MM.

1. RONDEL . . . . 518 voix.
2. LORIER. 510
3. LEJEMBLE 502
4. MIQUELARD Auguste 439
5. ERARD François. 436
6. MESLAY François 436
7. HEURTAUT Pierre, Dr médecin. 431

8. ANGER Pierre-Marie . . . . . 427 voix.
9. LEROY, Doisnellière, Michel-Félix 426
10. GRÉZEL Julien 415
11. LANDELLE Georges 391
12. LEROY, Boussardière, Michel-G^me 374
13. MAUDUIT Michel 360
14. VIGEON Théodore. 352
15. ALIX Jean-Baptiste. 337
16. LORENT Pierre-Marie 312
17. MIQUELARD Pierre. 307
18. LEPETIT Thomas-Césaire . . . 293
19. PALLIX Pierre-François 268
20. MAUDUIT Julien-Marie. 260
21. DEBON André-Pierre. 244
22. LANDELLE Victor. 233
23. LEROY Michel, de la République. 197

DEUXIÈME EMPIRE

21 novembre 1852

Elections du conseil municipal

1855 — août

MM.
1. HEURTAUT Pierre-Jean-Bte. . 647 voix.
2. LEJEMBLE Pierre-Auguste. . . 641
3. RONDEL Romain 636
4. MESLAY François 635
5. LEROY, Doisnellière 630
6. MAUDUIT Michel 624
7. ERARD François. 617
8. ALIX Jean-Baptiste. 600
9. LORIER Théophile. 461

10. MIQUELARD Auguste. . . . . . 456 voix.
11. GRÉZEL Julien. 454
12. LEROY, Boussardière. 436
13. VIGEON Théodore 430
14. LEPETIT Thomas-Césaire . . . 421
15. PALLIX François 407
16. MAUDUIT Julien. 405
17. BAZIN Pierre-Denis 396
18. ANGER Pierre-Marie. 387
19. ALIX Pierre. 386
20. LANDELLE Victor. 385
21. LANDELLE Geo. 376
22. LEROY Michel, République. . . 356
23. LETERMELIER André, démissionnaire

Maire

Décret du 14 Juin 1855.

M. LORIER Théophile.

Adjoints

MM. LEJEMBLE Pierre-Auguste
RONDEL Romain

1860 — août.

MM.
1. HEURTAUT . . . . 632 voix.
2. RONDEL 629
3. LANDELLE Georges 622
4. MESLAY François 609
5. MAUDUIT Michel 605
6. ALIX Jean-Baptiste. 593
7. ALIX Pierre. 587
8. ERARD François. 577
9. TOSTAIN Ferdinand. 548

10. VIGEON Théodore . . . . 546 voix.
11. PALLIX 533
12. MAUDUIT Julien. 531
13. LEDRU Charles 530
14. BAZIN Pierre-Denis 530
15. LEROY-BOUSSARDIÈRE. 524
16. LANDELLE Victor. 515
17. BAZIN Emmanuel 497
18. LORIER Théophile. 485
19. LABICHE Jules 456
20. HARDY, notaire 451
21. GRUSSE, ancien notaire 436
22. LEROY Michel, République. . . 430
23. CHARDIN André. 403

Maire :

Décret du 14 juillet 1860

M. LORIER Théophile

Adjoints :

MM. RONDEL Romain, notaire, 1er adjoint
MAUDUIT Julien, 2e adjoint

Maire :

Décret du 11 décembre 1864

Installation le 15 janvier 1865

M. LORIER Henri-Théophile-Victor, fils, à la place de son père, démissionnaire

1865 — Août

Votants : 711

MM.
1. HEURTAUT Pierre . . . . 692 voix.
2. LANDELLE Georges 683

3. BAZIN Emmanuel . . . . 676 voix.
4. MESLAY François 671
5. ALIX Pierre. 669
6. RONDEL Romain 668
7. ALIX Jean-Baptiste. 650
8. MAUDUIT Michel 648
9. TOSTAIN Ferdinand 580
10. LEDRU Charles 546
11. VIGEON Théodore 509
12. PALLIX Pierre. 497
13. THOMAS Théodore. 493
14. LANDELLE Victor 475
15. LABICHE Jules 469
16. LORIER Henri. 452
17. BAZIN P.-Denis 428
18. ERARD fils 411
19. BOCHIN Magloire 408
20. MAUDUIT Julien 402
21. LEROY Houssaye 402
22. HARDY Auguste, notaire. 395
23. MOGIS Jacques 386

Maire

Décret 26 août 1865

M. LORIER Henri

Adjoints :

MM. RONDEL Romain, 1er adjoint.
MAUDUIT Julien 2me id. (démissre).

Décret 21 octobre 1865

HEURTAUT Pierre 2me adjoint.

1870 — Août

6 et 7 août. Votants : 652

1. HEURTAUT Pierre. . . . . 630 voix.

2. RONDEL Romain . . . . 619 voix.
3. ALIX Pierre 612
4. LANDELLE Georges 605
5. LABICHE Jules 603
6. MOGIS Jacques 596
7. ALIX Jean-Baptiste. 592
8. TOSTAIN Ferdinand 589
9. MAUDUIT Julien. 581
10. ERARD François. 570
11. MAUDUIT Michel 568
12. LEROY Michel. 555
13. THOMAS Théodore. 554
14. BOCHIN Magloire 553
15. LEDRU Charles 535
16. LORIER Henri. 531
17. LANDELLE Victor. 522
18. BAZIN P.-Denis 518
19. HARDY Auguste, notaire 499
20. MESLAY François 391

13 et 14 août

21. BIGOT Théodore.
22. BAZIN Armand.
23. LENICOLAIS Edouard.

Élection par le conseil : 4 oct. 1870

Maire : Votants 23

M. LORIER Henri . . . . 16 voix.

Adjoints :

MM. RONDEL Romain . . . . 20 voix.
HEURTAUT Pierre. 16

TROISIÈME RÉPUBLIQUE

1871 — avril-mai.

30 avril — votants 493.

1. HEURTAUT Pierre . . . . 480 voix.
2. ALIX Pierre. 467
3. MOGIS Jacques 459
4. RONDEL Romain 458
5. LANDELLE Georges 455
6. BAZIN Armand 451
7. LABICHE Jules 446
8. ALIX Jean-Baptiste. 444
9. BIGOT Théodore. 442
10. LEROY Michel-Julien 437
11. BOCHIN Magloire 428
12. ERARD François. 422
13. LEDRU Charles 419
14. MAUDUIT Julien 419
15. MAUDUIT Michel 418
15. TOSTAIN Ferdinand. 414
17. LANDELLE Victor 412
18. BAZIN P.-Denis 406
19. LORIER Henri. 389
20. LENICOLAIS Edouard 363
21. THOMAS Théodore. 326
22. HARDY Auguste, notaire 292

7 mai — votants 387.

23. PALIX, médecin 138

Election par le conseil : 11 mai 1871

Maire : Votants 20

M. LORIER Henri. . . . . 16 voix.

Adjoints :

MM. RONDEL Romain . . . . 17 voix.
HEURTAUT Pierre 16

1874 — Novembre

22 nov. : inscrits 1015, votants 697.

1. LEROY Michel . . . . 646 voix
2. RONDEL 641
3. ALIX Pierre 633
4. MAUDUIT Michel 627
5. LANDELLE Georges 625
6. HEURTAUT 624
7. BAZIN Armand 621
8. MOGIS 620
9. ALIX J.-Bte 612
10. LEDRU 590
11. THOMAS 588
12. LENICOLAIS, Edouard 585
13. TOSTAIN 581
14. BOCHIN 566
15. BIGOT 561
16. LORIER 558
17. LANDELLE Victor 557
18. LABICHE 556
19. PALLIX 543

29 Nov. — Votants 620

20. LEVALLOIS Alexis 310
21. LALOUEL Honoré 299
22. MESLAY Pierre 294
23. LIOT Julien 279

Maire :

M. LORIER Henri.

Adjoints :

MM. RONDEL Romain
HEURTAUT Pierre.

1878. — janvier.

6 janvier. Votants : 708.

MM.

1. MAUDUIT Michel . . . . 634 voix.
2. ALIX Pierre. 626
3. PALLIX, médecin 623
4. LEROY Michel-Julien. 617
5. HEURTAUT Pierre-Jean-Baptiste 615
6. MOGIS Jacques 605
7. BIGOT Théodore. 601
8. LEVALLOIS Alexis. 589
9. LIOT Julien 586
10. TOSTAIN Ferdinand 568
11. THOMAS Théodore. 562
12. LABICHE Jules 555
13. LANDELLE Georges 551
14. BAZIN Armand. 540
15. LORIER Henri. 537
16. ALIX Jean-Baptiste. 525
17. LENICOLAIS Edouard. 502
18. BOCHIN Magloire 493
19. LEDRU Charles 482
20. LANDELLE Victor 454
21. LALOUEL Honoré 406
22. MESLAY Pierre 378

13 janvier. Votants : 596.

23. CLOUARD Victor. 245

Maire :

Décret du 12 février 1878.

M. LABICHE Jules-Hyacinthe-Romain.

Adjoints :

MM. TOSTAIN Ferdinand, 1er adjoint;
LEVALLOIS Alexis, 2e adjoint.

1881 — Janvier

9 janvier. Votants : 810

MM.

1. MAUDUIT Michel . . . . 731 voix.
2. ALIX Jean-Baptiste 708
3. LENICOLAIS Prosper 697
4. LEBRUN Arsène. 683
5. LABICHE Jules 670
6. BAZIN Julien-Marie-Victor . . . 666
7. TOSTAIN Ferdinand. 635
8. BIGOT Théodore. 601
9. LIOT Julien. 591
10. MOGIS Jacques 583
11. ALIX Ferdinand 523
12. HEURTAUT Pierre, Dr médecin. 498
13. LAURENT Pierre 483
14. LE MAIGNEN Adolphe, notaire. 467
15. CLOUARD Pierre 449
16. BAZIN Armand 442
17. LEROY Michel-Julien 438
18. ALMIN Henri 412

16 janvier. Votants : 702

19. JEANNE Pierre 400
20. DUFAY Nestor. 389
21. ESNAULT Charles 382
22. CHANCEREL Léon. 326
23. MONTECOT Benjamin 312

Maire :

Décret du 11 février 1881

M. LABICHE Jules, Sénateur.

Adjoints :

MM. TOSTAIN Ferdinand, 1er adjoint.
ALMIN Henri, 2e adjoint.

Election par le Conseil : 30 avril 1882

Maire : Votants 22

M. LABICHE Jules, Sénateur . . . . 20 voix.

Adjoints :

MM. TOSTAIN Ferdinand, 1er adjoint. 12 voix.
ALMIN Henri, 2e adjoint . . . 15

Imp. A. DERENNE, Mayenne.— Paris, boul. Saint-Michel, 52.

Imp. A. DERENNE, Mayenne. — Paris, boul. St-Michel, 52.

94

N° 2.

LE

PETIT LIVRE

DE SOURDEVAL

RECUEIL

DE

Notes, Documents statistiques, Anecdotes
Légendes, Faits journaliers

CONCERNANT

LES HOMMES ET LES CHOSES

DE SOURDEVAL ET DU CANTON

et pouvant servir à l'histoire de notre région

Le « *Petit Livre* » est vendu au prix de 50 centimes au profit du bureau de Bienfaisance, chez M. dépositaire, où seront reçues les communications à

1886

N° 2.

LE
PETIT LIVRE
DE SOURDEVAL

12 août 1885. — Nous avons reçu plusieurs témoignages de satisfaction à l'apparition du premier numéro du « *Petit Livre* », publié au commencement de Janvier dernier.

Les familles y ont vu avec plaisir les noms de leurs parents sur la liste des hommes qui depuis cent ans, depuis l'aurore de la Révolution et la chute de l'ancien Régime, ont administré notre commune.

Aujourd'hui nous complétons cette liste par le tableau des élus de 1884 et 1885. Nous publions aussi la liste des Juges de paix de Sourdeval, depuis la création du Siège, en 1790, et celle des hommes dévoués qui ont accepté de faire partie de la commission administrative du Bureau de bienfaisance depuis 1839.

Le *Petit Livre* contient aussi une notice sur la fondation de notre asile. La population pourra apprécier les rôles divers qui ont été joués dans cette entreprise et conservera, nous n'en doutons pas, l'espoir que la saine raison et la justice finiront pas reprendre leur empire ; que notre asile reviendra à la commune, et qu'il pourra, au lieu de constituer la seule cause de division entre nous à Sourdeval, servir, au contraire, de trait d'union, et rendre, au profit de nos malheureux, les services pour lesquels nous avons consenti tant de sacrifices.

J. H. R. L.

Position astronomique de Sourdeval, des autres communes du canton et de la ville de Mortain.

	Longitude ouest du méridien de Paris	latitude nord
Le Fresne-Poret.	3° 10′	48° 42′ 50″
Saint-Sauveur de Chaulieu.	3 11′	48 45′
Saint-Martin de Chaulieu .	3 12′	48 44′
Vengeons.	3 15′ 20″	48 45′
Sourdeval.	3 15′ 40″	48 43′
Beauficel.	3 18′	48 44′
Brouains	3 18′ 30″	48 43′
Gathemo	3 19′	48 46′
Perriers en Beauficel . . .	3 20′	48 44′
Mortain	3 16′ 35″	48 38′ 50″

La différence de l'heure avec le méridien de Paris est pour le clocher de :

Le Fresne-Poret. . .	12′ 40″	Beauficel.	13′ 12″
St-Sauv. de Chaulieu.	12′ 44″	Brouains.	13′ 14″
St-Martin de Chaulieu	12′ 48″	Gathemo .	13′ 16″
Vengeons	13′ 1″	Perriers .	13′ 20″
Sourdeval	13′ 3″	Mortain. .	13′ 7″

Quand il est midi à Sourdeval, il est midi 13 minutes et 3 secondes à Paris.

Quand il est midi à Paris, et aux horloges des chemins de fer, il est :

au Fresne-Poret	11 h. 47m. 20s.
à Saint-Sauveur de Chaulieu. .	11 47 16
Saint-Martin de Chaulieu . .	11 47 12
Vengeons.	11 46 59
Sourdeval.	11 46 57
Beauficel	11 46 48
Brouains	11 46 46
Gathemo	11 46 44
Perriers en Beauficel	11 46 40
Mortain	11 46 53

Chemin de fer.

La section de chemin de fer de Montsecret à Chaulieu était en exploitation depuis le 18 février 1883. La section des Maures à Sourdeval a été reçue le vendredi 27 mars dernier par les ingénieurs de l'Etat et de la Compagnie de l'Ouest, et le lundi 20 avril 1885, le service de l'exploitation a été ouvert jusqu'à la gare de Sourdeval.

La veille, le dimanche 19 avril, la population de Sourdeval et des environs a fêté cette inauguration : les voitures d'un train de plaisir pour la gare de Chaulieu ont été envahies et remplies par une foule considérable. Le soir, un banquet de 225 couverts, à la halle aux marchandises, a terminé cette fête dont Sourdeval gardera le souvenir.

Mort de M. le curé Poullain

M. l'abbé Poullain (Louis-Victor), curé de Sourdeval, chanoine honoraire, est décédé le mardi 14 février 1885, âgé de 75 ans.

Il était curé de Sourdeval depuis 19 ans.

Né à Romagny le 15 janvier 1810, il fut ordonné prêtre le 18 juin 1835. D'abord précepteur dans une maison particulière, ensuite vicaire, il fut, en septembre 1850, à l'âge de 40 ans, nommé à l'importante cure de N.-D du Vœu à Cherbourg, puis en 1855 à la cure d'Alleaume à Valognes et enfin, le 20 mai 1866, à celle de Sourdeval.

La cure de Sourdeval était occupée en 1789 par M. l'abbé Santerre. Après la révolution, M. l'abbé Postel fut curé de Sourdeval; M. l'abbé Voisin, des Cresnays, lui succéda et eut pour successeur en 1838, M. Viel Jacques, de Montjoie, qui administra la paroisse pendant 28 ans, jusqu'au 6 avril 1866, date de sa mort.

M. Viel a laissé parmi nous un souvenir impérissable : il fit le bien et apporta la paix à Sourdeval, où on l'appelle encore le bon curé M. Viel. C'est lui que remplaça M. l'abbé Poullain, que nous venons de perdre.

Aux termes du concordat de 1802, entre le Pape et la République française, l'accord du pouvoir civil et du pouvoir ecclésiastique est nécessaire pour pourvoir au remplacement de M. l'abbé Poullain. La population espère que l'évêque et le ministre des cultes ne vont pas tarder à s'entendre pour nous envoyer un prêtre charitable et bon, pénétré de l'amour de la paix, s'identifiant avec Sourdeval et ses nouveaux paroissiens, et ayant pour préoccupation constante de nous faire nous aimer les uns les autres.

Routes, Chemins vicinaux

Il existe sur le territoire de la commune de Sourdeval une Route nationale et une Route départementale ; point de Chemin de Grande Communication, trois Chemins d'intérêt commun du 1er réseau et un du 2e réseau, sept Chemins Vicinaux Ordinaires.

ROUTE NATIONALE

N° 177 de Caen à Redon.................... 6 k

ROUTE DÉPARTEMENTALE

N° 20 d'Avranches à Tinchebray............. 7 k

CHEMINS VICINAUX D'INTÉRÊT COMMUN

1er *Réseau*

N° 34 de la Patinière à la Doisnellière	0 k 274	
N° 41 de Domfront à Saint-Sever, 2 sections de 200 et 6.453 m..	6 k 653	
N° 42 de Ger à Vire	2 k »	
	8 k 927	

2e *Réseau*

N° 127 bis, de Sourdeval à Barenton..	2 k 622	
		11 k 549

CHEMINS VICINAUX ORDINAIRES

N° 10 de Barenton au Fresne-Poret...		0 k 634	
N° 71 de la Tournerie à Tinchebray	3.260 *2.000*	5 k 260	
N° 73 de Sourdeval au Fresne-Poret...............	3.037 *3.255*	6 k 292	
N° 76 de Vengeons à Brouains.	*200*	200	
N° 117 de Brouains à la Douesnellière.............		1 k 440	
N° 169 de Sourdeval à St-Martin	2.050 *3.407*	5 k 457	
N° 185 de Meslier à la Moinerie	*2.468*	2 k 468	
			21 k 751

Les chemins dont les chiffres sont en italiques

ont été ouverts depuis le 12 février 1878, et ils forment une longueur de *11 k 330* sans compter 400 mètres de la voie urbaine nommée la rue du Champ-de-Foire. Au commencement de 1878, 42 ans après la loi du 21 mai 1836 sur les Chemins vicinaux, la commune de Sourdeval ne possédait que 10 k 421 de ces Chemins; aujourd'hui, 8 ans après, elle en compte 21 k 751m.

Il reste à ouvrir 900m sur le chemin no 76, de Vengeons, qui est déjà classé.

Élection sénatoriale.

M. Dufresne, sénateur de la Manche, étant décédé le 2 avril 1885, un décret a convoqué les conseils municipaux pour le 3 mai à l'effet de désigner leurs délégués pour nommer un nouveau sénateur.

Les électeurs sénatoriaux ont été appelés à des réunions préparatoires pour choisir les candidats. Le dimanche 10 mai, les républicains désignaient MM. le docteur Sébire, vice-président du Conseil général, et Lavieille, député; le 17 mai, les conservateurs portaient leur choix sur M. le vice-amiral comte de Gueydon.

Le jour de l'élection, le 7 juin, deux tours de scrutin ont eu lieu; les résultats ont été les suivants :

Electeurs inscrits : 1247

Au 1er tour :		Au 2e tour :	
MM.		MM.	
SÉBIRE (le Dr). .	491 v.	SÉBIRE (le Dr).	745 v. élu
GUEYDON (l'amiral de).	378	GUEYDON (l'amiral de). . .	471
LAVIEILLE . . .	365	LAVIEILLE . .	12

Élections municipales de 1884.

4 mai. — Votants : 810

MM.

1. LENICOLAIS Prosper . . . . . . 750 voix.
2. MAUDUIT Michel 749
3. BIGOT Théodore. 742
4. ALMIN Henri 738
5. MOGIS Jacques. 715
6. DUFAY Nestor. 708
7. LEBRUN Arsène. 704
8. TOSTAIN Ferdinand. 697
9. ALIX Ferdinand 693
10. CLOUARD Pierre. 669
11. LAURENT Pierre. 608
12. LIOT Julien 546
13. ESNAULT Charles 521
14. LABICHE Jules. 520
15. HEURTAUT Pierre 484
16. JEANNE Pierre 446
17. BAZIN Armand 446
18. LEROY Michel. 443
19. CLOUARD Victor 423

11 mai. — Votants : 713

20. LEMAIGNEN, notaire. 395
21. GUYTARD Jean-Baptiste 376
22. LEVALLOIS Jules 373
23. MONTECOT Benjamin 358

Élection par le conseil : 18 mai 1884

Maire : Votants : 22

M. LABICHE Jules-Hyacinthe-Rom. . 18 voix.

Adjoints : Votants : 22

MM. TOSTAIN Ferdinand, 1er adj. . . 16 voix.
ALMIN Henri, 2e adj. 16

Élections municipales de 1885

Des élections ont eu lieu le 2 août 1885 à l'effet de nommer trois conseillers municipaux, à la place de MM. Mauduit et Tostain, décédés, et de M. Jules Levallois démissionnaire :

2 août. — *Votants* : 744

MM.
GEFFROY Victor. . . . . 464 voix
BAZIN Victor. 407
PALLIX Eugène 404

Election par le Conseil : 9 août 1885

2e *Adjoint.* — Votants : 18

M. LEMAIGNEN Adolphe, notaire . . 13 voix

Élections législatives du 4 octobre 1885.

Ces élections se sont faites au scrutin de liste, c'est-à-dire que les électeurs de toutes les communes du département ont voté, non pour un député pour leur circonscription, mais pour tous les députés à nommer, dont la liste est de huit pour notre département.

Les candidats monarchistes ont été élus dans la Manche, ce sont :

MM.
RAULINE . . . . par 59.711 voix.
DE GUEYDON . . . . 58.759 —
BOUVATTIER . . . . 58.539 —

DE LA MARTINIÈRE.	58.283 —
CHEVALLIER.	57.978 —
GAUDIN DE VILLAINE	57.503 voix.
LIAIS.	57.228 —
DU MESNILDOT	57.190 —

Si l'élection s'était faite sur un seul nom, un député par circonscription, trois des élus seulement, auraient été nommés savoir :

MM.

RAULINE, pour Saint-Lô.
DE LA MARTINIÈRE, pour la 2e circonsc. de Coutances.
DU MESNILDOT, pour Valognes.

Et 5 candidats républicains eussent été nommés, savoir :

MM.

CABART	pour	Cherbourg	avec 4300 v. de maj.
RIOTTEAU		Granville	2400 —
MOREL		Avranches	
LEFRESNE		Mortain	800 —
BRIENS		Coutances	200 —

MM. Houssin-Dumanoir, Hervé Mangon, et Regnault eussent seuls échoué.

Nous donnons ci-après le tableau des quatre élections législatives, depuis 1876, dans les 74 communes de l'arrondissement de Mortain. Au moyen de ce tableau, le lecteur pourra se rendre compte du mouvement de l'opinion dans notre pays.

Élections Législatives dans l'arrondissement de Mortain depuis 1876

	20 février 1876		14 octobre 1877		21 août 1881		4 octobre 1885	
	Labiche	Legrand	Labiche	Legrand	Lefresne	Legrand	Liste républic.	Liste monarc
	voix	voix	voix	voix	voix	voix	voix	voix
Sourdeval	490	285	525	318	501	288	477	296
Beauficel	57	36	63	50	50	51	57	45
Brouains	78	53	109	34	81	32	77	28
Gathemo	61	89	83	71	61	89	79	50
Le Fresne-Poret	116	48	88	98	65	115	78	105
Perriers en Beauficel	63	101	68	87	57	82	72	59
Saint-Martin de Chaulieu	39	83	49	74	48	62	80	45
Saint-Sauveur de Chaulieu	15	24	26	16	24	18	21	22
Vengeons	164	104	204	65	154	97	167	82
Canton de Sourdeval	1083	823	1215	813	1041	834	1108	732
Saint-Hilaire du Harcouët	329	381	521	319	559	223	595	191
Chèvreville	3	74	4	77	7	60	24	51
Lapenty	82	127	86	137	71	149	150	60
Le Mesnillard	16	141	32	133	94	79	98	62
Les Loges-Marchis	72	234	100	255	99	237	128	202
Martigny	31	124	39	123	57	98	77	64
Milly	2	170	4	195	5	179	80	140
Moulines	65	54	60	72	60	65	50	75
Parigny	27	218	72	208	99	155	162	119
Saint-Brice-de-Landelle	36	194	48	197	50	163	93	141
Saint-Martin-de-Landelle	85	259	145	211	245	115	253	134
Virey	86	181	158	142	205	97	181	137
Canton de Saint-Hilaire	834	2157	1269	2069	1551	1620	1841	1376
Barenton	159	395	262	311	233	327	253	293
Ger	148	292	149	330	196	278	194	280
Saint-Cyr-du-Bailleul	97	217	152	218	153	182	177	159
Saint-Georges-de-Rouelley	21	310	160	174	144	179	150	171
Canton de Barenton	425	1214	723	1033	726	966	774	903

	20 février 1876		14 octobre 1877		21 août 1881		4 octobre 1885	
	Labiche	Legrand	Labiche	Legrand	Lefresne	Legrand	Liste républic.	Liste monarchi.
	voix	voix	voix	voix	voix	voix	voix	voix
Mortain	180	224	213	270	258	205	256	197
Bion	72	61	107	54	96	57	65	75
Fontenay	»	119	8	115	27	79	39	53
Le Neufbourg	24	92	52	80	56	74	58	68
Notre-Dame de Touchet	41	216	76	197	137	100	143	139
Rancoudray	9	83	11	77	23	75	22	67
Romagny	12	308	22	329	57	283	124	178
Saint-Barthélemy	38	70	35	70	57	55	68	42
Saint-Clément	72	124	54	179	66	142	62	148
Saint-Jean-du-Corail	78	55	62	76	73	66	37	102
Villechien	8	110	25	96	32	95	56	63
Canton de Mortain	534	1462	665	1543	882	1291	930	1132
Le Teilloul	106	316	235	265	289	199	280	199
Buais	135	156	196	130	169	151	181	156
Ferrières	3	42	10	34	20	19	25	14
Heussé	12	108	38	106	44	101	24	123
Husson	41	89	97	64	134	43	85	70
Sainte-Marie-du-Bois	1	61	13	62	10	53	18	45
Saint-Symphorien	22	74	16	94	25	79	35	66
Savigny-le-Vieux	34	226	123	147	137	128	125	130
Canton du Teilleul	354	1072	728	908	828	773	773	803
Juvigny	24	155	44	134	114	75	155	42
Bellefontaine	35	52	37	59	36	56	51	42
Chasseguey	4	41	12	39	25	31	17	27
Cherencé-le-Roussel	62	102	86	105	103	74	106	70
La Bazoge	6	72	17	60	17	66	25	43
Le Mesnil-Adelée	20	77	23	77	20	74	33	56
Le Mesnil-Rainfray	13	128	37	113	64	88	93	46
Le Mesnil-Tove	42	110	85	87	94	63	102	45
Reffuveille	3	314	49	296	211	105	221	110
Canton de Juvigny	209	1051	390	970	681	632	803	481

	20 février 1876		14 octobre 1877		21 août 1881		4 octobre 1885	
	Labiche	Legrand	Labiche	Legrand	Lefresne	Legrand	Liste républic.	Liste monarch.
	voix	voix	voix	voix	voix	voix	voix	voix
Isigny	11	65	16	66	36	45	31	43
Chalandrey	19	114	22	123	35	96	63	64
La Mancellière	6	109	7	117	30	76	31	90
Le Buat	5	88	6	102	26	76	25	78
Mesnil-Bœufs	»	79	2	89	13	72	14	59
Le Mesnil-Thébault	22	82	51	79	85	37	64	47
Les Biards	39	158	77	141	106	101	119	70
Montgothier	»	130	8	137	75	51	89	39
Montigny	1	137	25	129	49	91	82	55
Naftel	»	58	13	43	13	37	45	8
Vezins	45	93	40	123	67	72	72	52
Canton d'Isigny	148	1113	267	1149	535	754	635	605
Saint-Pois	34	123	57	125	89	90	75	100
Boisyvon	7	32	23	34	30	23	21	38
Coulouvray	85	172	152	156	252	60	233	72
La Chapelle-Cécelin	14	77	20	71	46	52	48	48
Le Mesnil-Gilbert	20	71	15	111	16	82	23	82
Lingeard	14	35	7	46	13	40	9	48
Montjoie	50	109	47	141	85	103	96	88
Saint-Laurent-de-Cuves	72	163	121	155	139	119	153	116
Saint-Martin-le-Bouillant	7	166	14	175	52	123	47	127
Saint-Maur-des-Bois	14	58	3	78	40	35	34	45
Canton de Saint-Pois	317	1006	459	1092	762	727	739	764
RÉCAPITULATION								
Canton de Sourdeval	1083	823	1215	813	1041	834	1108	732
— Saint-Hilaire	834	2157	1269	2069	1551	1620	1841	1376
— Barenton	425	1214	723	1033	726	966	774	903
— Mortain	534	1462	665	1543	882	1291	930	1132
— Le Teilleul	354	1072	728	908	828	773	773	803
— Juvigny	209	1051	390	970	681	632	803	481
— Isigny	148	1113	267	1149	535	754	635	605
— Saint-Pois	317	1006	459	1092	762	727	739	764
Arrondissement de Mortain	3904	9898	5716	9577	7006	7597	7603	6796
	Major. mon. 5.994		Major. mon. 3.861		Major. mon. 591		Major. rép. 807	

Coup d'œil rétrospectif sur les systèmes administratifs de la France.

Avant 1789, la France était divisée en Provinces, mais cette division n'était guère que géographique. Dans le système administratif qui subsistait encore en 1789, la France était divisée en *Généralités* ou *Intendances*.

Le nombre de ces Généralités, vers le milieu du xve siècle, s'élevait à seize; il était de trente-deux en 1789.

Caen était le chef-lieu de la Généralité dont faisait partie notre pays.

A la tête de l'administration de chacune des généralités était placé un magistrat qui portait le titre d'*Intendant de justice, police et finances*, qui proposait aux ministres les dépenses, et ces dépenses étaient acquittées sur ses mandats après l'approbation du ministre.

Les généralités étaient subdivisées en arrondissements appelés *subdélégations*; où un subdélégué, nommé par l'Intendant, faisait exécuter ses ordres.

Par décret du 22 décembre 1789, sanctionné le 10 janvier 1790, l'Assemblée nationale fit disparaître l'ancienne division administrative de la France et décida la création des départements et leurs subdivisions en districts, cantons et communes.

Le département eut une *Administration départementale*, composée de 36 membres, dont huit formaient le Directoire du département, et d'un *Procureur général syndic*; le District une Administration de district de 12 membres et d'un *Procureur syndic* ; enfin la commune eut un *Conseil général de la commune*, composé d'*officiers municipaux* et de *notables*, et un Maire. — Les *citoyens actifs* (âgés de 25 ans, non à l'état de domesticité, payant une contribution directe de la valeur de trois journées de travail) nommaient le Maire et le Conseil général de la commune et choisissaient entre eux, à raison d'un pour cent, les *électeurs* pour les administrations de département et de district.

Par décret du 14 frimaire an II (4 décembre 1793), la Convention supprima les conseils de département et de district, ainsi que les procureurs généraux et les procureurs. Les Directoires furent conservés et restèrent chargés de l'administration ; des agents nationaux, nommés par la Convention, furent placés près d'eux au département et au district.

La constitution du 5 fructidor an III (22 août 1795), établit, au sommet de la hiérarchie des pouvoirs publics, un *Directoire exécutif*, et un *Corps législatif*, divisé en deux chambres : le Conseil des anciens et le Conseil des cinq cents.

Les Directoires de département furent remplacés par des *Assemblées centrales* composées de cinq membres ; la division des départements en districts cessa d'exister et fit place à des *Administrations municipales de canton*.

Les membres des administrations, choisis par les électeurs, étaient nommés pour 5 ans, renouvelables par cinquième tous les ans.

Un *Commissaire*, nommé par le Directoire

exécutif, et révocable par lui, fut placé près de l'administration centrale.

La Constitution du 22 frimaire an VIII — 13 décembre 1799 — (et la loi du 28 pluviôse an VIII — 17 février 1800) — plaça un *Préfet* à la tête de chaque département, chargé seul de l'administration et remplaçant à la fois l'administration centrale et le commissaire du Directoire exécutif; les départements furent divisés non plus en districts, mais en ***Arrondissements communaux***, à la tête desquels fut placé un *Sous-Préfet*; le contentieux fut attribué à un *Conseil de Préfecture*, composé de trois à cinq membres; la Constitution de l'an VIII créa enfin le *Conseil général du département*, composé de 16, 20 ou 24 membres et un *Conseil d'arrondissement* composé de 11 membres.

La loi du 28 pluviôse an VIII attribuait au premier Consul la nomination des membres de ces Conseils.

Le sénatus-consulte du 16 thermidor an X — 4 août 1802 — décréta que ces Conseils seraient renouvelés par tiers tous les cinq ans.

La Charte de 1830 avait décrété que les institutions départementales et municipales seraient fondées sur un système électif : la loi du 21 mars 1831 remit à des électeurs la nomination des membres des Conseils municipaux ; la loi du 22 juin 1833 rendit à l'élection la nomination des membres des conseils généraux et des conseils d'arrondissement. Le nombre des membres du conseil général ne put dépasser trente. Ils furent nommés, par les électeurs censitaires, pour neuf ans, renouvelables par tiers, tous les trois ans. Le conseil général nommait son président.

Le département de la Manche, qui compte 48 cantons, ne pouvait avoir que 30 conseillers généraux; quelques-uns de ceux-ci représentèrent deux cantons réunis.

L'arrondissement de Mortain comprend 8 cantons; il n'eut que quatre conseillers généraux, qui représentèrent chacun deux cantons.

Sourdeval et Saint-Pois formèrent une réunion, de même Mortain et Juvigny, Saint-Hilaire et Isigny, Le Teilleul et Barenton.

En 1848, le décret du 3 juillet attribua un conseiller général par canton et établit le suffrage universel direct pour l'élection des membres des conseils généraux et d'arrondissement. La durée du mandat resta de neuf ans, renouvelable par tiers tous les trois ans.

La loi du 7 juillet 1852, qui prescrivit le renouvellement intégral, donna à l'Empereur le droit de nommer le Président du Conseil général, et au Préfet la nomination du Président du Conseil d'arrondissement.

La loi du 10 août 1871 a réduit à six ans la durée du mandat des conseillers généraux et d'arrondissement, et actuellement le renouvellement s'opère, par moitié, tous les trois ans. Le nombre des membres du Conseil d'arrondissement ne peut être inférieur à neuf.

Conseillers généraux et d'arrondissement du canton de Sourdeval depuis la loi du 22 juin 1833.

Conseil général

Cantons de Sourdeval et Saint-Pois réunis

1833

17 Novembre. M. Noël Julien, avocat à Mortain.
Inscrits 100 — votants 62 — élu 42 voix.

1839

24 Novembre. M. Noël Julien.
Inscrits 100 — votants 57 — 30 voix.

Canton de Sourdeval

1848

27 Août M. Rondel, Romain, notaire.
Inscrits 2822 - votants 1370 — 1014 voix.
(M. des Rotours de Chaulieu 344 voix).

1852

1er Août. M. Payen de Chavoy, Adrien, à Saint-Martin de Chaulieu.
Inscrits 2819 — votants 1281 — 824 voix.

1858

12 et 13 Juin. M. Payen de Chavoy, Adrien, à Avranches.
Inscrits 2720 — votants 1580 — 1572 voix.

1867

3 et 4 Août. M. Lorier, Henri, maire de Sourdeval.
Inscrits 2729 — votants 1989 — 1077 voix.
(M. Thomas 428 voix.
M. Labiche Jules 424 voix).

1871
8 Octobre. 1er tour inscrits 2650 — votants 1511.
M. Labiche Jules 740 voix } ballotage.
M. Lorier Henri 609 » }

15 Octobre. 2[e] tour M. Labiche Jules, cons. municip.
Inscrits 2650 — votants 1697 — 1049 voix.
(M. Heurtaut 649 voix).

1874
4 Octobre. M. Labiche Jules.
Inscrits 2510 — votants 1765 — 1168 voix.
(M. Lorier Henri 480 voix).

1880
2 Août. M. Labiche Jules.
Inscrits 2474 — votants 1726 — 1581 voix.

Conseil d'arrondissement

CANTONS DE SOURDEVAL ET SAINT-POIS RÉUNIS

1833
24 Novembre. M. Trochon And., huiss. à Sourdeval.
Inscrits 100 — votants 35 — élu, 25 voix.

1836
11 Décembre. M. Trochon André.
Inscrits 50 — votants 36 — 22 voix.

1842
4 Décembre. M. Rondel, Romain, notaire.
Inscrits 51 — votants 38 — 28 voix.

CANTON DE SOURDEVAL

1848
3 Septembre. M. Lorier Théophile, maire.
Inscrits 2832 — votants 842 — 526 voix.

1852
31 Juillet. M. Lorier Théophile.
Et 1er Août. Inscrits 2819 — votants 1281 — 1183 voix.

1861
15 et 16 Juin. M. Lorier Théophile.
Inscrits 2672 — votants 1408 — 1309 voix.

1867
3 et 4 Août. M. Heurtaut Pierre.
Inscrits 2729 — votants 1991 — 1860 voix.

1871
8 Octobre. M. Heurtaut Pierre.
Inscrits 2650 — votants 1478 — 1354 voix.
(Candidat le 15 oct. au conseil général puis démissionnaire).

1872
28 Janvier. M. Lenicolais Prosper-Eugène.
Inscrits 2628 — votants 1198 — 1132 voix.

1874
4 Octobre. M. Lenicolais.
Inscrits 2510 — votants 1745 — 1523 voix.

1880
2 Août. M. Lenicolais.
Inscrits 2474 — votants 1728 — 1579 voix.

Procès-verbal des assemblées primaires du canton de Sourdeval, district de Mortain, département de la Manche, à Sourdeval, Beauficel et Vengeons, pour la nomination du Juge de Paix, Assesseurs et d'un Président de l'Administration municipale de canton.

En exécution de l'article 36 de la loi du 19 Vendémiaire dernier, les citoyens actifs de la commune de Sourdeval, dûment convoqués, se sont, *le* 10 *brumaire*, an quatrième de la République française, réunis, au son de la cloche, au lieu ordinaire des assemblées publiques, sur les neuf heures du matin. Le but de l'Assemblée indiqué, l'assemblée a été présidée par le citoyen Philippe Millet-Ponciaux comme plus âgé, qui s'est choisi pour secrétaire le citoyen Julien Clouard, ex-juge au Tribunal du District de Mortain, et les scrutateurs ont été les citoyens Charles-Borromée Lalouel, Grégoire-Jean-Marie Heurtaut et Julien-Denis-Jean Le Dieu.

Le bureau provisoire ainsi formé, chaque citoyen appelé pour voter a écrit ou fait écrire sur le bureau par les scrutateurs un bulletin sur lequel étaient inscrits cinq noms pour la formation du Bureau définitif. Sur vingt votants, le nombre des bulletins étant égal, le scrutin déclaré légal, dépouillement fait, le citoyen Julien Clouard, ex-juge, ayant réuni dix-sept suffrages a été proclamé président définitif; le citoyen Julien-Denis-Jean Le Dieu, ayant réuni quinze suffrages, a été proclamé secrétaire, les citoyens François Vaullegeard, ayant réuni quatorze suffrages, Grégoire-Jean-Marie Heurtaut, douze, et Charles-Borromée Lalouel, sept, ont été proclamés scrutateurs, chacun dans le rang indiqué par les différents suffrages.

Le bureau définitif ainsi formé, le président a annoncé qu'on allait sur-le-champ procéder à la nomination du Juge de Paix du canton de Sourdeval. Les citoyens actifs appelés pour voter ont inscrit ou fait inscrire par les scrutateurs un nom sur leur bulletin et les ont déposés ostensiblement dans le vase à ce destiné. Viron une heure après midi, l'assemblée étant fort nombreuse, un membre a observé que vu l'heure tarde, il serait bon que l'on cachetât les bulletins déjà déposés avec la liste des votants et que l'assemblée s'ajournât pour deux à trois heures après midi, pour finir les votes. Cette proposition, mise aux voix par le Président, a été unanimement adoptée. En conséquence, les bulletins et la liste de ceux qui avaient déjà voté ont été enfermés dans le vase autour duquel a été nouée une corde sous laquelle avaient été provisoirement mises des bandes de papier, sur tout quoi ont été apposés trois cachets en cire rouge, l'un par le citoyen Rondel, notaire, l'autre par le citoyen Denis Le Dru, et le troisième par le citoyen Le Dieu; cela fait, à l'heure sus-dite, le président resté gardien du vase a renvoyé la continuation des opérations à deux heures précises et la séance a été levée aux cris de : Vive la République. Et ont signé Clouard, président, Le Dieu Ruaudière, secrétaire, Vaullegeard, scrutateur, G. Heurtaut, scrutateur et C. B. Lalouel.

Les citoyens s'étant réunis de nouveau et l'assemblée formée les citoyens Rondel, Le Dru, et Le Dieu ont reconnu leurs cachets intacts ainsi que l'Assemblée. Les cachets brisés, les citoyens qui n'avaient point voté l'ont fait successivement. Le scrutin ayant été déclaré clos par le Président, il s'est trouvé sur la liste des votants cent trente-un noms inscrits et pareil nombre de bulletins dans le vase. Le scrutin déclaré légal, il est résulté de son dépouillement que le citoyen *Julien Clouard,* juge au Tribunal du District de Mortain, a réuni cent-sept suffrages ; le citoyen *Léonard-Michel Homo*, juge de paix, onze, le citoyen Jean-François Vaullegeard, administrateur, six, le citoyen. . . . . deux, le citoyen François Rondel, notaire, un, le citoyen

Pierre Gueset, un, et le restant des voix a été déclaré nul, les bulletins contenant des noms sans désignation claire. Comme les commissaires des autres sections n'étaient point encore arrivés pour recenser les suffrages, en commun, il a été proposé et adopté de cacheter les bulletins et la liste et de s'ajourner jusqu'à l'arrivée de ces commissaires, qui seraient annoncés par le son de la cloche, pour procéder au recensement en commun. En conséquence, la séance a été levée vers six heures et demie du soir. Et ont signé Clouard, président, Le Dieu-Ruaudière, secrétaire, Vaullegeard, scrutateur, G. Heurtaut, scrutateur, et C. B. Lalouel.

Le 11 brumaire, sur les neuf heures du matin le son de la cloche a annoncé l'arrivée des citoyens André-François Le Bigot et Pierre Le Masson, commissaires.

L'assemblée formée, le citoyen Michel Le Roy a été choisi pour scrutateur, vu l'absence du citoyen Lalouel, ensuite en présence des commissaires et de l'assemblée, ayant été procédé au recensement général pour la nomination du Juge de Paix, il en est résulté que sur soixante-trois votants le citoyen Léonard-Michel Homo a réuni quarante-cinq suffrages, le citoyen Julien-Jean-Baptiste Enout, administrateur, quinze, le citoyen Pierre Le Masson, deux, et le citoyen Julien Clouard, ex-juge, un. Récapitulation faite de tous les suffrages, le total se monta à cent quatre-vingt-quatorze, le citoyen Julien Clouard, juge au Tribunal du District de Mortain, ayant réuni en total cent huit suffrages, et conséquemment obtenu, du premier tour de scrutin, la majorité absolue des suffrages, a été proclamé juge de paix du canton de Sourdeval. Le citoyen Clouard ayant témoigné à l'assemblée combien il était sensible à l'estime de ses concitoyens et son désir de mériter leur confiance dans l'exercice de cette importante et difficile fonction, a déclaré l'accepter à l'applaudissement de l'assemblée qui a nommé une députation pour accompagner hors de son sein les commissaires. Les commissaires s'étant retirés, l'assemblée a de suite procédé à la nomination des assesseurs du juge de paix; les citoyens Le Bigot et Le Masson, ainsi que les citoyens Macé et Le Sage, commissaires des sections de Vengeons et de Beauficel ayant apporté les procès-verbaux par extrait de leur vote, recensement fait du tout, il s'est trouvé en total soixante-dix-huit votants, et du dépouillement il est résulté du premier tour de scrutin que le citoyen Julien-Denis-Jean Le Dieu, ayant réuni soixante-trois suffrages, le citoyen François Rondel, notaire, cinquante-six, le citoyen Jacques-Michel Fauvel, notaire, cinquante-trois, et le citoyen Grégoire-Jean-Marie Heurtaut, quarante-huit et conséquemment obtenu seuls la majorité absolue des suffrages, ont été proclamés, chacun en leur rang, assesseurs du juge de paix pour la commune de Sourdeval. Aucuns autres citoyens n'ayant réuni la majorité absolue, les commissaires se sont retirés pour en instruire leurs sections respectives, aux fins de recommencer un second scrutin.

L'assemblée, par continuation, a sur-le-champ recommencé un second tour de scrutin. Il s'est trouvé vingt-six votants et autant de bulletins. Sur les sept heures du soir les commissaires des autres sections n'étant point de retour on a proposé et il a été adopté d'ajourner les opérations au lendemain matin après l'arrivée de ces commissaires, les bulletins préalablement dépouillés, ensuite la séance a été levée aux cris de : Vive la République. Et ont signé : Clouard, président, Le Dieu Ruaudière, secrétaire, Vaullegeard, scrutateur, G. Heurtaut, scrutateur, et Le Roy, scrutateur.

Du 12 brumaire, sur les neuf heures du matin l'assemblée formée, les citoyens Le Bigot, Le Masson, Le Sage et Macé, commissaires, ont déposé sur le bureau le résultat des différentes opérations pour la nomination des assesseurs autres que les premiers déjà nommés pour Sourdeval. Recensement fait du tout, il s'est trouvé dans les trois sections cinquante-six votants, savoir : 22 à Sourdeval, 18 à Vengeons et 16 à Beauficel, dont il est résulté que, les citoyens ci-après indiqués ont obtenu la majorité des suffrages, en ayant réuni chacun cinquante-quatre, et ont été proclamés assesseurs du juge de paix, savoir : pour la commune de Vengeons, les citoyens François-André Le Bigot, Pierre-Michel Homo la Lisse, Pierre Templé Lafontaine et Vincent Hamon, fils, feu Michel.

Pour la commune de Périers, les citoyens Georges-René Guesdon, André-Jacques Le Hongre, André-Barthélemy Murye et Georges-René Dubois. Pour la commune de Saint-Martin-de-Chaulieu, les citoyens Nicolas Legrand, Julien Anger, Guillaume Macé et Pierre Bachet.

Pour la commune de Brouains, les citoyens Pierre Elier, Jean Aubé, Julien Erard et Julien Lanoë.

Pour la commune de Saint-Sauveur-de-Chaulieu, les citoyens Pierre Dupont, maire, Dupont, agent national, Jean Chauu et Guillaume Vigeon.

Pour la commune de Gathemo, les citoyens Jean-Baptiste Chardin, Noël Davy, procureur de la commune, Pierre Fleury et Jean-Baptiste Langlois.

Enfin pour la commune de Beauficel, les citoyens Jean Porée, Jacques Beliard, Julien Fouqué et Julien Becherel, père, et ont été tous les citoyens proclamés assesseurs aux applaudissements de l'assemblée.

Les commissaires ont attesté que les citoyens de la commune du Fresne ne s'étaient point trouvés à leur section pour nommer des assesseurs et se sont ensuite retirés de l'assemblée pour voter dans leurs sections respectives pour la nomination du président de l'Administration municipale de canton et vu qu'il était midi, l'assemblée s'est ajournée pour deux heures de relevée et la séance a été levée aux cris de : Vive la République. Et ont signé : Clouard, président, Le Dieu-Ruaudière, secrétaire, Vaullegeard, scrutateur, J. Heurtaut, scrutateur, et Le Roy, scrutateur.

L'assemblée s'étant formée au son de la cloche pour la nomination du président de l'Administration municipale du canton, à deux heures après midi, il s'est trouvé à la section de Sourdeval cinquante votants inscrits et un nombre égal de bulletins dans le vase du dépouillement, il est résulté que le citoyen Julien-Denis-Jean Le Dieu a réuni quinze suffrages, le citoyen Léonard-Michel Homo, également quinze, le citoyen Julien-Jean-Baptiste Enout, administrateur, neuf, le citoyen François Vaullegeard, cinq, le citoyen Le Saint, trois, le citoyen Lalouel, le jeune, négociant, deux. et une voix déclarée nulle, faute de désignation claire sur un des bulletins. Les commissaires des autres sections n'étant point de retour, l'assemblée s'est ajournée jusqu'à leur arrivée qui devait être annoncée par le son de la cloche, et la séance a été levée. Et ont signé : Clouard, président, Le Dieu-Ruaudière, secrétaire, Vaullegeard, scrutateur, J. Heurtaut, scrutateur, et Le Roy, scrutateur.

Sur les cinq heures et demie du soir, les citoyens se sont réunis au son de la cloche. Les commissaires de Vengeons et de Beauficel ont déposé le résultat de leurs opérations. Il a résulté des extraits du procès-verbal de Vengeons qu'il y a eu trente-huit votants et de celui de Beauficel qu'il y en a eu seize. Ces deux nombres ont donné avec celui des votants de Sourdeval un total de cent-quatre. Le citoyen Julien-Jean-Baptiste Enout, administrateur, ayant réuni à Sourdeval neuf suffrages, à Vengeons, 38 et à Beauficel, 10, et le citoyen Lalouel, le jeune six, total cent-quatre votants, le citoyen Enout, administrateur, ayant du premier tour de scrutin cinquante-sept suffrages et conséquemment acquis la majorité absolue des suffrages a été, aux applaudissements universels, proclamé président de l'Administration municipale du canton de Sourdeval.

Le président ayant consulté l'assemblée pour savoir s'il ne devait point écrire au citoyen Enout pour l'engager à accepter cette place, craignant que sa vue faible ne le forçât à remercier, étant depuis longtemps décidé d'aller à Paris pour se faire traiter, un membre a observé qu'une lettre ne serait peut-être pas suffisante, et qu'il vaudrait mieux lui envoyer une députation composée de citoyens pris en nombre égal dans les différentes sections. Cette dernière proposition qui n'a trouvé aucun contradicteur a été adoptée. En conséquence, les citoyens Le Masson, Le Bigot, Le Sage, Mâcé, Le Dieu et Clouard ont été nommés pour faire tous leurs efforts aux fins de déterminer le citoyen Enout à se rendre au vœu bien prononcé de ses concitoyens, l'assemblée les a également engagés à se faire accompagner du citoyen Debon, notaire, son oncle. Ces citoyens sont convenus qu'ils rempliraient le vœu de l'assemblée dès le lendemain matin.

Le but des assemblées primaires étant rempli et aucun citoyen n'ayant réclamé ni demandé la parole avant la fin de la dernière séance, le président a déclaré les séances terminées aux cris répétés de : Vive la République, ce qui a été répété par les citoyens qui se sont retirés de l'assemblée qui a été dissoute viron sept heures du soir. Pourquoi le présent a été fait et rédigé et signé par nous, soussignés les dits jours et an que dessus après en avoir été donné lecture et qu'il n'y a eu de réclamation contre, pour être ensuite le présent déposé au secrétariat de la municipalité de Sourdeval, chef-lieu de canton, inscrit sur le registre et lu par la municipalité pour servir d'installation et de réception au citoyen Clouard ainsi qu'aux autres citoyens nommés. Et ont signé : Clouard, président, Le

Dieu-Ruaudière, secrétaire, Vaullegeard, scrutateur, G. Heurtaut, scrutateur, et Le Roy, scrutateur.

Nomination du citoyen Hamon comme commissaire du Directoire exécutif à Sourdeval.

Du 26 brumaire, quatrième année républicaine, Coutances, le 24 brumaire, an 4e.

Les administrateurs du département de la Manche au citoyen Hamon, ex-juge.

Citoyen, vos talents et votre patriotisme ont déterminé l'administration du département à vous nommer commissaire provisoire du directoire exécutif près l'administration municipale du canton de Sourdeval.

L'administration attend de votre amour et de votre dévouement pour la chose publique, que vous vous empresserez de répondre à son vœu. Veuillez bien lui accuser la réception de la présente et de l'extrait de votre nomination. Salut et fraternité. Signé : Le Beuray, Cament, Caillemer et Chapelin.

Arrêté de l'Administration du département de la Manche.

L'administration du département considérant qu'il est urgent de se conformer à l'article 35 de la loi du 19 vendémiaire dernier, en commettant, tant auprès des administrations municipales qu'auprès des tribunaux de police correctionnelle, les citoyens qui exerceront les fonctions de commissaire du pouvoir exécutif, arrête, d'après les renseignements qui lui ont été fournis à cet effet, que ces fonctions seront provisoirement exercées près l'administration municipale du canton de Sourdeval par le citoyen Hamon, ex-juge.

Délibéré en audience publique à Coutances, le 24 brumaire, an IV de la république une et indivisible. Signé : Le Beuray, Asseline, Cament, Caillemer, Muriel.

Juges de paix du canton de Sourdeval depuis 1790

1.	MM. Homo (Léonor-Michel).	14 janvier 1790.
2.	Clouard (Julien).	13 brumaire, an IV. (4 nov. 1795).
3.	Ledieu-Ruaudière (Jul.-D.-Jean).	1er nivôse, an V. (22 déc. 1797).
4.	Vaullegeard (Jean-François).	12 floréal, an VI. (2 mai 1798).
5.	Duhamel (Anselme-François-René).	1er Germinal, an X. (22 mars 1802).
6.	James (Jean-Baptiste-André).	1er juin 1807.
7.	Levivier (Adolphe).	20 août 1831.
8.	Levalois (François-Henri).	15 juin 1838.
9.	Laîné (Michel-Henri).	8 novembre 1841.
10.	Leteinturier-Laprise (Edouard).	28 janvier 1849.
11.	Coispellier (Joseph-Achille).	16 janvier 1869.
12.	Leprovot (Bertrand-Gabriel).	6 août 1870.
13.	Godefroy (Toussaint-Pierre).	17 mars 1873.
14.	Pellouin (Alphonse-Hyacinthe).	4 avril 1874.
15.	Salmon (Joseph-Victor).	24 juin 1875.
16.	Dutilleul (Julien-Etienne-J.-B).	18 septembre 1877.
17.	Foubert (Albert-Edmond).	7 septembre 1878.

NOTE. — D'après la loi du 24 août 1790, les juges de paix étaient élus directement par les *assemblées primaires* pour deux ans ; — aux termes d'un sénatus-consulte en date du 16 *ther-*

midor, an X, — 4 août 1802 — ils furent nommés, pour 10 ans, par le 1er consul, sur une liste de deux candidats présentée par *ces assemblées primaires* ; à partir du 4 juin 1814 (Charte constitutionnelle), ils ont été directement nommés par le chef du pouvoir.

Budget de la Commune. — Exercice 1885.

RECETTES

Impositions diverses :		
Centimes ordinaires	F. 4.141 56	
— extraordinaires (18 c.).	5.220 54	
		9.362 40
Prestations en nature.	F. 6.250 80	
Taxe municipale des chiens .	460 50	
Sur permis de chasse	250 »	
Sur l'impôt des chevaux et voitures.	53 37	
Frais de perception	264 86	
		7.279 53
Location des places aux halles et marchés.	F. 6.750 »	
Location à la boucherie. . . .	75 »	
Droit de pesage et mesurage.	705 »	
		7.520 »
Rente pour l'école de la Foucherie.	F. 90 »	
Secours pour le personnel des écoles.	6.110 05	
Autre subvention des écoles .	1.503 »	
		7.703 05
Concessions dans le cimetière		150 »
Intérêts sur fonds placés au Trésor		250 »
Expédition des actes de l'état civil, etc. . .		20 »
Total. . . . . . Fr.		32.2[illegible]4 68

DÉPENSES

Frais d'administration :		
Traitement du secrétaire de la mairie	F. 1.400 »	
Traitement du garde-champêtre	700 »	
Frais de bureau	200 »	
Abonnements au *Moniteur*, Bulletin des lois, impressions, timbre, etc	205 65	
Frais des registres de l'état civ.	115 »	
Traitement du receveur municipal	872 »	
Remises du receveur municipal	284 86	
		3.777 51
Réparation et entretien de la mairie	F. 100 »	
Réparation et entretien des bâtiments communaux	300 »	
Réparation et entretien des rues et fontaines publiques	400 »	
Assurance des bâtiments contre l'incendie	80 »	
Contribution foncière	90 »	
		970 »
Sapeurs pompiers :		
Rachat de leur prestation	F. 120 »	
Tambours et clairon	90 »	
Entretien des armes	50 »	
Entretien et logement des pompes	250 »	
		510 »
Chem. vicin. d'intérêt commun	F. 4.420 »	
Chemins vicinaux ordinaires	1.780 95	
— cantonniers	1.500 »	
Chemins ruraux	400 »	
		8.100 95
Télégraphe : Employé et local du bureau		350 »
A Reporter . . . fr.		13.708 46

Report. . . . Fr.		13.708 46
Personnel des écoles.	F. 8.863 05	
Entretien et répar. des écoles.	200 »	
Entretien et répar. du mobilier	122 »	
Enduit au lait de chaux . . .	100 »	
Achat de livres, de prix . . .	280 »	
— pour les indigents.	125 »	
Chauffage des classes	250 »	
Subvent. à la caisse des écoles.	150 »	
		10.020 05
Reverbères : entretien et éclairage		700 »
Fêtes publiques		450 »
Secours au bureau de Bienfaisance	F. 200 »	
Contingent pour les enfants assistés	92.50	
Contingent pour les aliénés indigents	218 »	
		510 50
Tonture des arbres de l'avenue.		80 »
Son de la cloche de retraite		50 »
Entretien de l'horloge		100 »
Musique municipale		200 »
Loyer du local de la station d'étalons . . .		125 »
Excédent de recettes.		» 13
Réserve pour étab. de bornes fontaines . .		1.050 »
Total.		27.064 14
Remboursements d'emprunts :		
Pour chemins vicinaux. . . .	F. 2.320 54	
Pour établissement de bornes fontaines	2.900 »	
		5.220 54
Total. . . fr.		32.284 68

Réserves en caisse :	
Pour aménagement des eaux. .	11.973 07
Constr. d'un mag. pour les pomp.	1.500 »
Agrandissement du cimetière. .	2.850 89
Total. . . .	16.323 96

Vacance de la cure de Sourdeval.

26 novembre 1885. — M. le curé Poullain est décédé le 14 février 1885 : l'espérance que nous exprimions en août ne s'est pas réalisée : aujourd'hui, 26 novembre, nous n'avons pas encore de curé : depuis neuf mois, le ministère ecclésiastique est rempli par les trois vicaires.

On en donne l'explication suivante :

« Mgr a nommé un curé à Sourdeval, c'est M. l'abbé X..., desservant à X... ; mais M. Labiche n'en veut pas, et le gouvernement l'a refusé ; nous serons longtemps privés de pasteur, car, Mgr le dit hautement, il n'en nommera pas d'autre : il ne veut que celui-là. Ce sera M. l'abbé X... et pas d'autre. »

Le bruit est-il fondé ? C'est affaire entre MM. le Ministre des cultes et l'évêque du diocèse.

Mais si le fait était vrai, si Mgr l'évêque avait proposé un titulaire et que M. le Ministre eût refusé de l'agréer, celui qui a divulgué le nom de cet ecclésiastique, a assumé une grave responsabilité ; il n'est douteux, en effet, pour personne que le gouvernement n'agit pas sans motifs sérieux et que la considération du respectable abbé X.... n'a rien à gagner aux commentaires qui ont cours sur ce conflit.

Ces commentaires ne sont pas favorables non plus à l'administration épiscopale.

En vertu du concordat, l'évêque a le droit de nommer les desservants, les vicaires, et le gouvernement est tenu de payer leur traitement à partir de leur nomination : c'est ce qui arrive pour les curés desservants de Vengeons, Brouains, etc.

Quant aux curés-doyens, comme celui de Sourdeval, l'évêque ne peut les nommer qu'après qu'ils ont été agréés par le gouvernement : l'accord des deux volontés est nécessaire.

S'il est vrai que M. l'abbé X... présenté, n'ait pas été agréé par M. le Ministre des cultes, on s'est demandé, comment Mgr l'évêque, qui a sous la main 1200 prêtres dans son diocèse, n'a pas de suite désigné un autre ecclésiastique, digne, capable et méritant la cure de Sourdeval ? Est-ce qu'il voudrait *tourner* le concordat et arriver à nommer à lui *seul* les curés de canton ?

On ajoute qu'au point de vue religieux, quoique les trois vicaires suffisent amplement pour le ministère, il n'est pas bon de laisser les fidèles s'accoutumer à se passer de curé.

Au point de vue des intérêts communaux, on se plaint que, depuis neuf mois, la magnifique propriété que la commune fournit comme presbytère au curé. souffre de cet état d'abandon ; le chauffage des appartements, la culture du jardin, les soins des récoltes, du pestil, des deux vergers, des clôtures, appellent un locataire ou un usufruitier et l'on s'étonne que les conseillers municipaux et le maire ne veillent pas à la conservation de la propriété de la commune.

—

NOTICE

SUR LE

BUREAU DE BIENFAISANCE

Liste des membres ayant fait partie de la commission administrative depuis le 10 octobre 1839.

MM.

1839 Octobre 10.
Pierre Meslay, maire, jusqu'au 24 sept. 1841.
Julien Mauduit, de l'Aunay, jusqu'en 1844.
Michel Daniel, quincailler au bourg, jusqu'au 4 octobre 1840.
François-Henri Levalois, juge de paix, jusqu'au 14 janvier 1842.
François-Hippolyte Bazin, quincailler, jusqu'au 28 novembre 1842.
Pierre Leroy-Rochefort, propriétaire, jusqu'à sa mort, 1843.

1840 Octobre 4.
Jacques Viel, curé, jusqu'au 6 avril 1866.

1841 Septembre 24.
Théophile Lorier, maire, jusqu'en 1848.

1842 Janvier 14.
Théodore Vigeon, Dr médecin, jusqu'en 1847.
Novembre 28.
Julien-Noël Lebaron.

1844 Mars 25.
Romain Daniel, quincailler, jusqu'au 21 août 1846.

1845 Janvier 13.
François-Léonor Trochon, ancien maire, jusqu'au 28 mai 1846.

1846 Mai 28.
Pierre-Jean Chardin, marchand-mercier.
Août 21.

Jacques Labiche, marchand-mercier, jusqu'au 23 septembre 1854.

1847 Mai 31.

Jean-Baptiste Alix, propriétaire, jusqu'au 23 septembre 1854.

1848 Mars 27.

Auguste Lejemble, maire.

Théodore Bigot, pharmacien, jusqu'au 23 septembre 1854.

Théophile Lorier, jusqu'au 23 janvier 1865.

François Meslay, jusqu'au 7 mars 1863.

1854 Septembre 23.

Julien Mauduit, libraire, jusqu'au 7 mars 1863.

Auguste Miquelard, propriétaire, —

Prosper-Eugène Lenicolais, fabricant, jusqu'au 7 mars 1863.

1863 Mars 7.

Georges Pantin, propriétaire.

Théodore Vigeon, docteur-médecin, jusqu'au 28 mai 1869.

Charles Esnault, propriétaire.

Armand Bazin, négociant, jusqu'au **3** mai 1881.

1865 Janvier 23.

Henri-Théophile Lorier, jusqu'en 1878.

1867 Mars 19.

Louis-Victor Poullain, curé; membre de droit, le 18 nov. 1875; nommé par le préfet, 2 janvier 1880, jusqu'au 3 mai 1881.

1869 Mai 28.

Prosper-Eugène Lenicolais.

1874 Février 7.

Pierre-François Meslay, jusqu'au 2 janvier 1880.

1876 Mai 12.

Auguste Lebaron fils, jusqu'au 2 janvier 1880.

1878 Mars 7.

Jules-Hyacinthe-Romain Labiche, maire.

1879 Février 10.

Eugène Enguehard, docteur-médecin.

1880 Janvier 2.

Julien-Marie-Victor Bazin, jusqu'au 26 janv. 1883.

1881 Mai 3.

Victor Bazin, négociant.
Ferdinand Alix. id.

1883 Février 26.
Auguste Tardif, propriétaire.

Legs faits au Bureau de Bienfaisance.

	Capital	Rente
1. Legs de veuve Feuillet, 24 nov. 1831		150 »
2. de Louise Lelavendier, 10 décembre 1840.	2,000	
3. de Marie Pallix, veuve Aubé, 24 sept. 1841.	250	
4. de Marie-Anne Leroy, veuve Mâcé Manière, 28 juin 1844.	20,000	
5. de François-Léonor Trochon ancien Maire, 26 avril 1846.	1,000	
Achat de rente 5 0/0 21 septembre 1846		722 »
et 22 mars 1847		42 »
6. de Jacques Miquelard, 27 janvier 1848	100	
7. de Cœuret, 4 février 1848. .	1,000	
8. de veuve Loisel 8 mai »	300	
9. de Marie Gobard, veuve Turquetil, 14 août 1850. .	400	
10. de Jacques Lepetit, »	200	
11. de veuve Lemardeley, 8 février 1851	500	
Achat de rente, 22 mars 1851.		14 »
» 22 sept. »		27 »
		F. 955 »
Suppression rente veuve Feuillet.		150 »
		F. 805 »
Conversion de 805 francs, rente 5 0/0 en 4 1/2 0/0. . .		fr. 724 50
Achat de rente 4 1/2 0/0 . .		112 50
A Reporter. . Fr.	25,750	Fr, 837 «

	Capital	Rente
Report. . . Fr.	25.750	Fr. 837 »
12. de Perrine Leguéult, veuve Deslongrais, 4 févr. 1853 4000 f. non délivrés encore ;	»	»
Achat de rente — 26 janvier 1855		39 »
13. de Azéline Bichain — 10 août 1855, rente 249 fr. à la com.		
Achat de rente, 6 mai 1856.		7
Achat de rente, 4 mai 1857.		34 »
14. de Vve Miquelard née Lecreps.	3.000	
Achat de rente, 1857. . . .		167 »
15. de veuve Giffault née Lechartier — 29 juillet 1858 : universel, à livrer aux religieuses, non autorisé par l'empereur.	»	»
16. de Sophie Maupas Vve Douettée 3 nov. 1858 — rente 3 0/0.	800	40 »
17. de Pierre Anger — 3 janvier 1859. — 1200 fr. de pain, non accepté.		
Achat de rente, 7 mai 1860.		15 »
Achat de rente, 17 fév. 1862.		6 »
		fr. 1.145 »
Conversion de 1105 fr., rente 4 1/2 0/0 en 3 0/0.		fr. 1.094 »
Rente Douettée ci-dessus . .		40 »
Achat de rente, 1862		12 »
18. de Gme Michel Leroy Boussardière — 7 mars 1863 — testament du 1er avril 1847 réduit par l'Etat.	34.404 25	822 »
Achat de rente, 2 mai 1864.		5 »
Achat de rente, 8 mai 1865.		665 »
19. de Adelaïde Henry, sœur Sainte Thérèse — mobilier — février 1864.		
A Reporter. . F.	63.954 25	2.638 »

	Capital	Rente
Report. . Fr.	63.954 25	2.638 »
20. de Marie Largilière veuve Besnier 8 mai 1864.	500	
21. De veuve Macé née Regnault, 26 août 1865.	300	
22. de Louise Davy, veuve Leroy — 18 mars 1868. 300 fr. versés aux sœurs du Sacré-Cœur.	»	»
Achat de rente, 11 mai 1868.		30 75
Achat de rente. 28 mai 1869.		10 25
Achat de rente, 18 mai 1870.		33 »
Achat de rente, 8 mai 1874.		44 »
Achat de rente, 8 mai 1878.		11 »
Achat de rente, 9 mai 1879.		15 »
Achat de rente, 10 mai 1880.		16 »
23. de veuve Hamel, née Roynel, 18 décembre 1880.	4.000	148 »
Achat de rente, 3 mai 1881.		32 »
24. de Justine Adigard, 8 mai 1881, fondation d'un lit à l'hospice (non délivré encore).	»	»
Achat de rente, 10 mai 1882.		20 »
Achat de rente, 12 mai 1883.		31 »
Fr.	68.754 25	f. 3.029 »

Souscripteurs au Bureau de Bienfaisance

Hiver de 1884-1885.

	Noms des souscripteurs.	Sommes souscrites
MM.	Mogis, conseiller municipal........ F.	10
	Guytard, id.	5
	Abel, contre-maître à la Bruyère.....	2
	Faudet, propriétaire..............	5
	Labiche, Jules, sénateur, maire.......	200
	Hardy, Juge de paix de Mortain......	30
	Lenicolais, conseiller municipal......	60
	A Reporter......... F.	312

	Report.... F.	312	
	Lemonnier, fabricant..................	20	
	Bazin, Victor........................	50	
Mme	Lenoël (veuve)......................	5	
M.	Goulet, négociant....................	4	
Mme	Tostain (veuve)......................	20	
MM.	Quedrue, rentier.....................	10	
	Chancerel, Léon......................	10	
Mme	Debon (veuve)........................	5	
MM.	Almin, Henri, adjoint................	30	
	Foubert, juge de paix................	6	
	Alix, Ferdinand, conseiller municipal.	20	
Mme	Alix (veuve).........................	15	
MM.	Rubé, Henri..........................	20	
	Liot, conseiller municipal...........	10	
	Herpin, Eugène, Recev. d'enregist....	10	
MMes	Bazin (veuve), propriét. à la Houssaie.	20	
	Lalouel (veuve)......................	10	
M.	Berthout, Alderic....................	5	
Mme	Painblanc (veuve)....................	5	
MM.	Montécot, conseiller municipal........	20	
	Labiche, Paul, propriétaire...........	40	
	Leteinturier, id. à la Barre..	5	
MM.	Fouqué, receveur des Contr. Indir....	10	
Mme	Maincent (veuve).....................	5	
Mme	Gastebois (veuve)....................	10	
MM.	Turquetil, quincailler...............	6	
	Guillaume et Divet (affaires), remis par M. le juge de paix...........	5	
	Esnault, Charles, conseiller municipal.	15	
	Millet, Jean.........................	5	
	Produit d'une collecte (mariage Lemardeley et Thomas).................	40	
	Le Maignen, notaire, conseiller munic.	25	
	Roblin, Léon.........................	5	
	Hervy, percepteur....................	20	
	Quête au banquet d'inauguration du chemin de fer, le 19 avril 1885......	141	65
	Beaugeard, greffier de paix..........	10	
	Reliquat sur le pain des fêtes........	16	50
	Total............ F.	966	15

NOTICE

SUR LA

FONDATION DE L'HOSPICE

La mendicité.

Nous venons de rappeler les libéralités faites au Bureau de Bienfaisance par des personnes charitables, entre lesquelles se distinguent surtout Mme veuve Macé-Manière, son frère M. Guillaume-Michel Leroy-Boussardière, et Mme veuve Miquelard, née Lecreps.

Les ressources, cependant, n'étaient pas à la hauteur des besoins : elles ne suffisaient pas pour empêcher les indigents de mendier. Le lundi de chaque semaine, les pauvres de Sourdeval, auxquels se joignaient ceux des communes voisines, parcouraient nos rues, par troupes nombreuses, s'arrêtant à chaque porte où l'on faisait la *donnée*.

C'était une véritable plaie sociale qui affligeait Sourdeval et le pays.

Interdiction de la mendicité.

M. Pron, préfet de la Manche, par circulaire du 2 septembre 1862, invita les municipalités à créer des *Commissions de Charité* pour aider les bureaux de bienfaisance à éteindre la mendicité dans le département.

Le 21 septembre, le Conseil municipal de Sourdeval décida de fonder cette institution dans la commune et de composer la commission de cinq membres : le maire, le curé et trois membres dont il se réservait la nomination. Séance tenante, il choisit comme membres M. Leteinturier-Laprise, juge de paix, MM. Labiche Jules et Vigeon Théodore, Dr médecin, conseillers municipaux.

Commission de charité.

Cette commission se mit aussitôt à l'œuvre : elle partagea la commune en cinq circonscriptions qu'elle parcourut, se rendant à domicile, pour recueillir des souscriptions et rechercher les indigents à secourir.

Les ressources qu'elle se procura furent évaluées à une somme annuelle de 4.078 fr. 50, non compris 1.210 fr. qui constituaient le revenu du bureau de bienfaisance; la liste des indigents s'éleva à 214. La commission estima à 7.419 fr. la dépense annuelle nécessaire pour mettre cette population de pauvres à l'abri du besoin.

Elle arriva à détruire, ou diminuer considérablement, la mendicité; l'on ne vit plus les bandes du lundi parcourir nos rues.

La commission de charité se réunit le 1er lundi de chaque mois, à la mairie, et invita à assister à ses séances une des deux sœurs de charité qui étaient venues à Sourdeval en 1854, avec les institutrices congréganistes, et qui soignaient les malades à domicile : cette religieuse fut chargée du mandat de faire la distribution des secours aux indigents inscrits sur la liste.

Création de l'asile.

La commission de charité payait, pour les pauvres, des loyers s'élevant à une somme relativement importante. Dans le but de diminuer cette charge des logements et rendre moindres les dépenses de la nourriture et du chauffage, elle essaya de réunir quelques indigents dans un logement commun, sous la direction de la religieuse. Elle loua à cet effet, au commencement de 1863, une maison au Bourgneuf, près de l'église, et elle l'appropria avec le moins de frais possible.

Cette mesure rencontra beaucoup de sympathie dans la population. La commission put meubler l'asile aux dépens de dons volontaires: des couches neuves, une horloge, un poêle, une fontaine à laver, des chaises, une table etc. etc.. Melle Adélaïde Henry — sœur Sainte-Thérèse — mérite une mention spéciale comme bienfaitrice de l'asile: par testament du 18 août 1863, elle léguait au bureau de bienfaisance 2 lits complets, 7 douzaines de draps, 3 douzaines de chemises et des habillements qui, à la mort de la testatrice, arrivée le 23 août, furent livrés par le bureau de bienfaisance à l'asile.

La création de l'asile fut autorisée par M. le préfet.

Projet de construction d'un hospice

La population indigente recueillie à notre asile se composait de huit ou dix vieillards: deux ou trois hommes et six ou sept femmes.

Trois des femmes vinrent à mourir. Une certaine émotion se produisit dans la commune, à l'occasion de ces morts rapprochées : on les attribua à l'humidité de la maison, dont le sol était au-dessous du niveau de la route. La commission de charité partagea cette émotion et se préoccupa de créer un autre asile plus grand et plus sain ; la nouvelle, publiée par M. le maire, calma la population, et celle-ci manifesta un grand désir de voir réaliser ce projet.

Mandat confié à Mme Saint-Antoine

La religieuse qui distribuait les secours de la commission de charité et parcourait fréquemment la commune, reçut l'offre d'une contribution importante, à l'effet d'acquérir un terrain pour le nouvel hospice ; elle en fit part à la commission de charité, sans lui faire connaître le nom du donateur, et elle indiqua, comme emplacement convenable, deux parcelles de terre appartenant à M. Trochon, percepteur à Nécy (Orne), qui se trouvaient au bord de la route de Brouains et qui furent, après visite, agréées par la commission.

Quelque temps après, le terrain fut acheté par

la religieuse et en son nom, et celle-ci offrit de faire dresser les plans des bâtiments par MM. Hue, architecte, et Ameline, supérieur du séminaire de Mortain, et de prendre la direction des travaux de la construction. Elle fit voir aux membres de la commission que si on s'en rapportait à elle, on éviterait les formalités et les frais ; que les fonctionnaires se plaindraient, parce que c'était leur intérêt, mais qu'on serait approuvé par les habitants et qu'on trouverait des secours dans la population.

La commission accepta les offres de Mme Saint-Antoine. Les plans furent dressés, soumis à la commission, les cinq membres se rendirent sur les lieux avec la religieuse ; il fut décidé que le bâtiment serait bien placé sur le bord du champ à une vingtaine de mètres de la grande route.

La religieuse fit commencer les travaux avec beaucoup de zèle et entourée de la sympathie des Sourdevalais, qui lui fournissaient sans cesse de l'argent.

Une seule note discordante se faisait entendre dans le concert de louanges : le percepteur disait :

« Vous avez voulu vous passer de mon intervention et « éviter de me payer mes remises : cela vous coûtera « cher, je vous le prédis. Les déclarations actuelles n'y « feront rien, cette maison vous sera enlevée ; elle « n'appartiendra pas à la commune. J'ai été ailleurs « témoin d'un tour semblable. »

La population écoutait avec indifférence ces avertissements ; elle attribuait ce langage au regret du fonctionnaire de perdre ses droits sur les recettes et les dépenses de l'asile. L'argent était fourni avec abondance.

Nouveau maire et nouveau curé

Sur ces entrefaites, deux membres nouveaux entraient à la commission de charité : M. Lorier Henri, maire, qui était nommé président le 15 janvier 1865 à la place de son père, et M. le curé Poullain, qui, le 3 juillet 1866, remplaçait, comme secrétaire, M. le curé Viel, décédé.

Engagements authentiques de Mme Saint-Antoine

Les travaux progressaient et la charité suffisait à tout ; cependant, le 3 juillet 1866, la religieuse fit part à la commission de charité qu'elle avait besoin de fonds pour payer les ouvriers, et elle lui demanda une somme de 3,000 fr , en assurant de nouveau *qu'elle livrerait l'établissement aussitôt que les logements de première nécessité seraient construits.* Elle offrait même de donner aux membres de la commission de charité connaissance d'une *pièce authentique et légale par laquelle, en attendant, elle donnait les terrains et les bâtiments aux pauvres de Sourdeval représentés par la commune ou par le Bureau de Bienfaisance.*

« *La commission de charité, ayant toute* « *confiance dans Mme Saint-Antoine,* » dit le « procès-verbal rédigé par M. le curé Poullain; « *trouvant dans les précautions qui lui étaient*

« *offertes toutes les garanties qu'elle pouvait*
« *désirer, et croyant qu'elle ne pouvait faire*
« *meilleur usage de ses ressources, versa 3.000*
« *francs qui étaient en caisse, à la religieuse..* »

Occupation du nouvel hospice.

Au 25 mars 1868, les bâtiments étaient assez avancés ; la commission de charité évacua l'ancien asile et prit possession du nouvel hospice où elle fit transférer son mobilier. Les vieillards y furent conduits et les deux sœurs les y suivirent.

Ce jour fut un jour de bonheur à Sourdeval et la religieuse reçut, pour le concours apporté par elle, les témoignages de la plus vive reconnaissance.

Le conseil municipal, par la commission de charité, administra le nouvel hospice comme il l'avait fait pour l'ancien, subvenant aux frais de l'établissement, comme par le passé ; payant le salaire des religieuses, qui continuèrent leurs services et dont l'une continua à assister aux séances.

Nomination de M. le Dr Enguehard.

M. le docteur Enguehard, nommé le 13 novembre 1868 par le conseil municipal, avait été installé, le 11 décembre suivant, comme membre de la commission de charité.

Offre de livraison à la commune.

Près de deux ans s'étaient écoulés, et tout marchait, à l'hospice, à la satisfaction générale, quand, en novembre 1869, la religieuse offrit de livrer l'établissement à la commune.

Mais, adoptant un nouveau système, dont l'habileté passa alors inaperçue, ce ne fut pas à la Commission de Charité, qui l'admettait à ses séances ; qui l'avait chargée des travaux ; qui la rendait populaire par un appui continuel ; qui avait fourni le mobilier et de l'argent pour la construction ; qui subvenait aux besoins de la maison ; ce fut au conseil municipal, directement et sans aucun avis à la Commission de charité, qu'elle s'adressa pour faire sa proposition.

Sa lettre, du 13 novembre 1869, portait en substance ce qui suit :

« Voulant librement et volontairement faire connaitre ma volonté formelle aux administrateurs de la commune de Sourdeval, je déclare être disposée à donner, soit au Bureau de Bienfaisance, soit à la commune de Sourdeval, les immeubles que j'ai achetés pour les pauvres, toutes les constructions que j'y ai fait élever avec les aumônes que l'on m'a données à cet effet, la chapelle de la Moinerie et le terrain qui l'entoure sous les conditions suivantes :

1° Que cet établissement servira de refuge aux pauvres vieillards, aux infirmes, aux orphelins de la commune de Sourdeval-la-Barre.

2° Que le Bureau de Bienfaisance ou la commune de Sourdeval paiera annuellement à Mlle Pallix (Marie) la somme de trois cents francs sa vie durant, rente qui est affectée sur les immeubles.

3° Que ledit bureau ou la commune paiera une somme de trois mille francs que j'ai empruntée pour la construction de la maison.

4° Que les religieuses appelées à desservir cette maison, étant dans les mêmes conditions que les autres religieuses qui donnent des soins aux malades et aux pauvres, elles seront toujours prises à la communauté du Sacré-Cœur de Coutances, et la directrice, nommée par la supérieure, aura voix délibérative d'avec la commission de la maison, en ce qui concerne surtout l'intérieur de cette maison.

5° Qu'il y aura un appartement à perpétuité libre dans l'établissement pour être consacré au culte. »

La religieuse expliquait ensuite que les dépenses faites s'élevaient à fr. 46.200 soit :

Fr. 9.000 achat du terrain.
2.600 { mobilier acheté en sus de celui fourni par la Comm. de Charité.
34.600 travaux et fournitures.

Fr. 46.200

Elle continuait :

« Votre hospice, messieurs, est loin d'être terminé : il faudrait même bien des dépenses pour finir ce qui est commencé, mais vous pouvez compter sur mon dévouement pour les pauvres, comme vous pouvez croire que la charité n'est pas épuisée.

Veuillez, messieurs, me faire le plaisir de vous rendre à la maison que je vous offre. »

Visites de madame Saint-Antoine.

Cette communication n'était pas l'œuvre de la religieuse, qui est illettrée ; ses vœux, du reste, lui défendent presque toute initiative personnelle non préalablement autorisée. Dans tout ceci elle a été l'agent et l'instrument de ses inspirateurs.

La congrégation du Sacré-Cœur de Coutances, qui avait remplacé, en 1854, notre institutrice communale laïque, n'avait pas cessé de travailler à étendre son influence. Grâce à l'appui du clergé, par des vexations même publiques à l'église, aux processions, aux examens, elle avait découragé nos institutrices laïques : Mlles Lerogeron, Varin, Dupont, chez lesquelles ont été élevées nombre de nos mères de famille, bonnes chrétiennes et connues par leur piété, avaient disparu les unes après les autres; les religieuses étaient restées seules, sans concurrence : seules elles avaient la direction du cœur et de l'âme de nos chères enfants, seules elles nous formaient notre génération future.

Mais leurs aspirations n'étaient pas encore satisfaites : il leur fallait l'hospice pour dominer complètement à Sourdeval et y établir une forteresse qui assurerait un long avenir à leur influence.

La religieuse avait été quelques jours auparavant, rendre visite à un certain nombre de conseillers municipaux, pour les prévenir de la démarche qu'elle ferait, le dimanche suivant, auprès du conseil : elle leur avait dit qu'elle avait emprunté 3,000 fr. et leur avait demandé d'ajourner la prise de possession de l'hospice, pour lui donner le temps de se libérer de sa dette.

Ces visites produisirent leur effet. Le conseil, réuni le dimanche 14 novembre 1869, sans défiance, ne discuta même pas les conditions imposées ; il laissa les choses en l'état, prit seulement acte des déclarations de Mme Saint-Antoine et la pria de continuer à se charger de la conduite des travaux, pour achever l'œuvre charitable qu'elle avait si bien commencée.

Craintes de la population

Nous sommes en 1874 ; près de cinq années se sont écoulées ; l'hospice n'est pas encore achevé.

L'établissement est toujours administré par la commission de charité, dont fait partie M. Vaullegeard Charles, nommé par le Conseil municipal le 26 mars 1871.

Les relations sont très tendues entre M. le curé Poullain et M. Lorier, maire, d'une part, qui voulaient faire partir Mme Saint-Antoine, et la religieuse, de l'autre, qui voulait rester à Sourdeval et qui était soutenue par M. l'abbé Ameline ; des deux côtés, ces influences contraires s'exerçaient auprès du supérieur de la religieuse.

La cause en était que Mme Saint-Antoine ne se hâtait pas de livrer l'établissement et de tenir la promesse qu'elle avait faite à la population en général, puis à la commission de charité, le 3 juillet 1866, et au Conseil municipal, le 13 novembre 1869.

Beaucoup de donateurs commençaient à partager ces craintes et se demandaient : A qui appartiendra cette maison ? A Mme Saint-Antoine ? A sa famille ? A sa congrégation ?

La confiance était ébranlée : les dons diminuaient et les travaux n'avançaient pas ; l'aile droite ne pouvait parvenir à se rattacher à la partie centrale.

Visite de Mgr l'évêque Bravard.

En septembre 1874, Mgr l'évêque de Coutances vint bénir la chapelle que la religieuse avait installée dans l'aile droite.

Monseigneur l'évêque dit à haute voix, devant une nombreuse assistance, à la religieuse agenouillée à ses pieds :

« Voilà, ma chère fille, votre mission terminée et « l'établissement à peu près achevé. Il faut livrer à « ces Messieurs cette maison, qui appartient à la com- « mune. Du reste, ma chère Sœur, cette vie mondaine « agitée, dissipée, ne convient pas à une religieuse ; il « faut vous recueillir, vous rapprocher de Dieu, vous « retremper dans la vie religieuse, emploverai ail- « leurs vos talents et votre zèle. »

Les amis de Mme Saint-Antoine, qui désiraient son maintien à Sourdeval, étaient encore alors en assez grand nombre : M. Jules Labiche en était un. Au diner, il déclara à l'évêque que la population était reconnaissante à la religieuse du concours qu'elle avait donné à la Commission de Charité, en recueillant des secours, en se chargeant de faire les marchés et de diriger les travaux, ce qui avait permis d'éviter des formalités administratives longues et coûteuses, et il demanda que Mme Saint-Antoine restât à Sourdeval.

Mais, quant à la livraison de l'asile, il se prononça énergiquement dans le sens de Mgr l'évêque, de M. le Maire et de M. le Curé, et il déclara qu'il croyait le temps venu de régulariser la situation avec la commune.

La religieuse répliqua que plusieurs donateurs ne voulaient avoir affaire qu'à elle, et s'opposaient à ce qu'elle livrât la maison à la commune, notamment Mlle Marie Pallix.

On alla chercher cette demoiselle.

— Vous avez donné beaucoup pour cette maison, lui dit l'évêque.

« J'ai donné un peu, oui, Monseigneur. »

« Si une autre personne que Mme Saint-Antoine vous eût demandé, auriez-vous donné tout de même ? »

« — *Ah ! pour ça, oui, Monseigneur,* » répon-
« dit Mlle Pallix, « *car il y avait longtemps*
« *que je voulais voir à Sourdeval une maison*
« *comme celle-ci.* »

Cette déclaration inattendue détruisait toutes les espérances de ceux qui employaient depuis des mois leurs savantes manœuvres auprès de Monseigneur, et qui peut-être avaient provoqué la venue de l'évêque à Sourdeval, avec l'espoir de trouver dans ce voyage un moyen de consommer l'enlèvement de la maison à la commune.

Monseigneur déclara à M. Jules Labiche qu'il laisserait Mme Saint-Antoine à Sourdeval, mais qu'il la ferait régulariser les droits de la commune.

Mme Saint-Antoine est laissée à Sourdeval.

La première partie de cette déclaration se réalisa, mais il n'en fut pas de même de la seconde. Mgr l'évêque Bravard, affaibli par la maladie, s'étant démis, peu de temps après, de ses fonctions épiscopales, il fut remplacé par Mgr Germain qui prit dans cette affaire une attitude différente de celle de son prédécesseur.

Souvenir d'un conseiller municipal.

« Un ami d'enfance, comme j'en avais beaucoup, un compagnon de ma jeunesse, de mes études, vint me voir, il y a dix ou douze ans (serait-ce le 7 mai 1875?), et m'apprit que le lendemain, Mme Saint-Antoine ferait une proposition au Conseil municipal, et il me priait de lui être favorable.

— « De quoi s'agit-il? » répondis-je, — « je ne puis prendre d'engagement; — je verrai demain ce que pensent mes collègues; — il faut entendre le pour et le contre. »

— « Je vois que tu seras contre. Eh! bien, mon ami, je t'en préviens, tu te perds à Sourdeval : tous nos amis s'éloigneront de toi. »

— « Mes amis veulent-ils donc que j'agisse contre ma conscience et, pour leur plaire, que je sacrifie les pauvres? »

— « J'en suis désolé, tu te perds, mon ami. »

— « Mais demain, après avoir entendu la discussion, je serai peut-être avec toi. »

— « Tu te perds, mon ami, j'en suis navré. »

Et il me quitta. »

La crainte pénètre au Conseil municipal.

M. le Préfet, à sa tournée de révision, avait visité l'hospice et réclamé un préau couvert pour abriter les enfants de la salle d'asile : le 8 mai 1875, la religieuse fit demander au Conseil municipal d'accorder cette création, et de voter 200 fr pour faire face aux premières dépenses.

M. Edouard Lenicolais, craignant que cette maison échappât à la commune et fût ravie par la religieuse ou par sa congrégation, s'opposa au vote du crédit.

« Je refuse ces 200 fr., dit-il, parce que je veux savoir à qui je donne. »

Demande à Mme Saint-Antoine.

M. Thomas conseilla de couler à fond cette question qui préoccupait les habitants et surtout les bienfaiteurs : la question de la propriété de l'hospice. Il proposa d'inviter M. le Maire à faire auprès de Mme Saint-Antoine des démarches « pour qu'elle reconnaisse *par acte authentique qu'elle n'avait jamais été qu'intermédiaire pour les constructions servant de refuge des vieillards, lequel établissement appartenait à la commune.* »

M. Jules Labiche se plaignit que les travaux ne se terminaient pas et offrit, au nom de son frère M. Paul Labiche, de fournir les fonds pour achever les murs et la couverture de la partie centrale en détresse ; mais il faisait cette offre à la condition que la commune serait reconnue, sans conteste, propriétaire de l'établissement.

La proposition de M. Thomas fut votée à

l'unanimité des membres présents : MM. Lorier, maire, Meslay, Leroy, Bazin-Armand, Thomas, Landelle-Victor, Levallois, Mauduit, Labiche, Lalouel, Tostain, Liot, Bochin, Alix-Duval, Alix Jean-Baptiste, Edouard Lenicolais et Rondel.

Etaient absents : MM. Heurtaut, Ledru, Bigot et Pallix.

Il est permis de croire, sans manquer de respect à M. Heurtaut, que, s'il avait été présent à la séance, non touché encore par les manœuvres mises en jeu pendant les trois mois qui suivirent cette résolution du Conseil, il eût affirmé les droits de propriété de la commune, comme MM. Armand Bazin, Meslay et Leroy, et comme eux, il eût réclamé le titre authentique.

Premier coup de Théâtre.

8 août 1875.

M. Lorier, maire, à la suite de cette délibération, alla sans retard en faire part à Mme Saint-Antoine. La religieuse lui dit *qu'elle ne pouvait donner une réponse* et qu'elle le priait de *lui faire tenir le texte même* de la délibération, ce qu'il s'empressa de faire.

Le 8 août 1875, il donna au conseil municipal lecture de la réponse de Mme Saint-Antoine, en date du 7 août, un long plaidoyer roulant sur cette prétention véritablement audacieuse : « *Il n'y a d'autre propriétaire de la maison des vieillards que moi,* » disait la religieuse.

Elle ajoutait que le conseil municipal ne pouvait rien en cette affaire; qu'elle n'avait jamais rien demandé en son nom ou au nom du bureau de bienfaisance, et qu'elle n'aurait même pas voulu se charger de ce mandat; qu'elle avait dépensé près de 88.000 francs, sur lesquels elle n'avait reçu que 28.000 dans la localité, dont 10.000 de Mlle Pallix et 8.000 d'autres donateurs qui la déclaraient libre de toute responsabilité vis-à-vis du conseil municipal et du bureau de bienfaisance ; qu'il restait donc moins de 10.000 francs donnés par les différentes administrations de la commune « *ou des particuliers avec lesquels elle n'avait pas eu l'occasion de s'entendre dernièrement* ; » que presque tous les bienfaiteurs de l'œuvre s'opposaient à ce qu'elle donnât avant l'entier achèvement; qu'elle repoussait la demande du conseil municipal et refusait positivement l'offre de cinq ou six mille francs de M. Paul Labiche, *qui*, disait-elle, *jetait la méfiance* dans la commune ; et elle se demandait « si ce donateur avait pu croire sérieusement que les bienfaiteurs seraient disposés à laisser placer la couronne par un autre qu'elle, quand il n'y avait plus que l'échelle à monter. »

La religieuse terminait en répétant encore une fois que, *par un testament déposé chez le notaire, elle léguait l'établissement au Bureau de Bienfaisance* : elle assurait qu'il n'y avait aucune crainte à avoir ; que ni elle, ni sa famille, ni sa congrégation, ni le clergé ne viendraient jamais réclamer une obole de ce qui ne leur appartenait pas, *et quelle conseil pouvait compter sur sa parole et son testament.*

Émotion dans la commune.

Le conseil municipal et la population ensuite, furent stupéfaits, à cette déclaration aggressive si inattendue.

Cette religieuse, étrangère à la commune; au service de la commune et salariée par le conseil depuis 1854; choisie en 1865 par la commission de charité pour diriger les travaux; Confirmée dans ce mandat par le conseil municipal le 14 novembre 1869, disait d'un air de dédain qu'elle n'aurait jamais voulu recevoir un mandat du conseil municipal !

Cette religieuse, avec l'assentiment de sa congrégation, se disait propriétaire de l'asile, refusait un don considérable qui aurait hâté l'achèvement de la maison, et elle le refusait pour ne pas laisser placer la couronne par un autre !

Personne à Sourdeval, sauf les initiés au complot qui se tramait depuis le 8 mai précédent, n'eût pu s'attendre à des prétentions si peu fondées et à une si arrogante attitude !

Déclaration de M. le Dr Heurtaut.

M. Thomas rappela que c'était sur les assurances réitérées de Mme Saint-Antoine « *que l'hospice serait un établissement appartenant à la commune* », que les donateurs avaient fourni leurs souscriptions et il insista pour qu'il fût constaté par un acte authentique que cet établissement était un hospice communal.

C'est ce jour, pour la première fois, c'est le 8 août 1875, qu'un membre du conseil déclara que Mme Saint-Antoine était propriétaire de notre hospice : cette déclaration fut faite par M. le Dr Heurtaut, médecin de Mme Saint-Antoine et de l'asile.

Cette déclaration était en opposition avec la vérité, avec le sentiment de MM. Lorier, Meslay, Bazin Armand, Leroy et autres qui, le 8 mai 1875, reconnaissaient que la maison était à la commune et réclamaient un titre authentique de la part de la mandataire ; en opposition aussi avec l'appréciation particulière de M. Bazin Armand qui, le 11 novembre suivant, constatait encore l'irrégularité de la situation et ne voulait la maintenir que pour obtenir plus de secours. « Je ne suis « pas, disait-il, pour qu'on régularise la situation « à présent, parce que Mme Saint-Antoine ne « pourrait plus agir sans le concours d'une com- « mission et sans l'approbation du préfet, ce « qui lui enlèverait la liberté qui lui a permis « de faire cette œuvre ; il convient d'avoir con- « fiance entière en Mme Saint-Antoine. »

Protestation de M. Rondel.

M. Rondel s'éleva, avec force, contre la Déclaration : il constata que la religieuse était un intermédiaire entre la commune et les pauvres, ce que l'on appelle un *negotiorum gestor* ; « ce *qu'elle écrit aujourd'hui* », dit-il « *ne peut détruire ce qu'elle a écrit au* 13 *novembre* 1869 ; *je n'ai aucune crainte que l'établissement échappe à la commune ; il faut compter sur le testament déposé* chez moi. »

Le conseil renouvelle sa confiance à Mme Saint-Antoine.

Le 11 novembre 1875, par une lettre en date du 2 octobre dont M. Heurtaut, au nom de la religieuse, acceptait l'insertion au procès-verbal, Mme Saint-Antoine déclarait une dernière fois que l'établissement serait toujours le refuge et l'asile des vieillards, infirmes, malades et orphelins de Sourdeval et *à tout jamais leur propriété* ; qu'elle ferait cet acte en faveur des pauvres, lorsque l'établissement serait terminé et sa tâche remplie. Elle terminait par ces mots :

« *Gardez cette lettre, Monsieur le maire, comme garant de ma parole la plus sacrée.* »

M. Thomas trouva que cette lettre ne désavouait pas le langage tenu le 7 août précédent.

M. Rondel répéta que Mme Saint-Antoine n'était pas propriétaire, n'était que *negotiorum gestor* et qu'il fallait se borner à déclarer, en réponse à la communication de la religieuse, « que le conseil s'en réfère à la délibération du 14 novembre 1869 par laquelle il a pris acte des déclarations et reconnaissances faites par Mme Saint-

Antoine, qui ne peut détruire aujourd'hui ce qui a été par elle déclaré le 13 novembre 1869. »

A l'unanimité de 18 votants, — M. Bazin s'étant abstenu — le conseil adopta cette proposition, et accorda à Mme Saint-Antoine la confiance qui était sollicitée par MM. Roudel, Heurtaut et Bazin et l'on espéra que cet acte de conciliation rétablirait le calme dans les esprits.

En effet, les habitants de Sourdeval ne demandaient qu'à être rassurés. Ils ne doutaient pas que Sourdeval fût propriétaire de l'asile et Mme Saint-Antoine l'agent de la commune : ils approuvaient leurs élus d'avoir été unanimes à le déclarer le 8 mai 1875 ; mais ils les approuvaient aussi d'avoir eu confiance dans la parole de la religieuse, de l'avoir laissée acheter, traiter en son nom personnel, pour pouvoir conduire librement et promptement l'œuvre à bonne fin. Ils ne pouvaient se résigner à croire que la religieuse voulût leur enlever leur hospice.

Hélas! la désillusion était proche.

(*à suivre*)

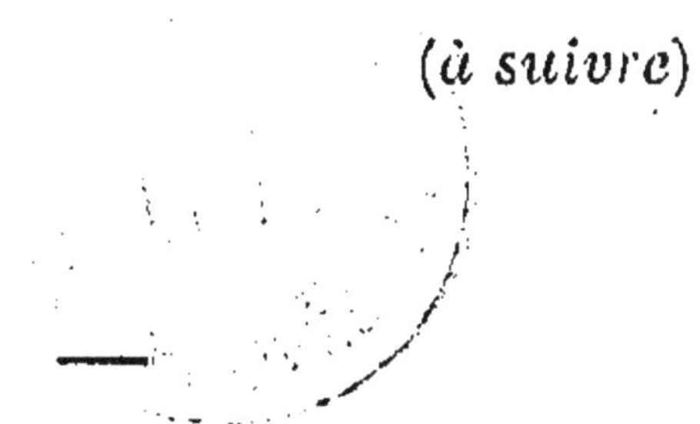

Imprimerie de l'Ouest, A. NÉZAN, Mayenne

Imprimerie de l'Ouest, A. NÉZAN, Mayenne.

LE

PETIT LIVRE

DE SOURDEVAL

RECUEIL

DE

Notes, Documents statistiques, Anecdotes
Légendes, Faits journaliers

CONCERNANT

LES HOMMES ET LES CHOSES

DE SOURDEVAL ET DU CANTON

et pouvant servir à l'histoire de notre
région

Le « Petit Livre » est vendu au prix de 50 centimes
... bureau de Bienfaisance, chez M.
... seront reçues les communications ...

1886

N° 3

LE PETIT LIVRE DE SOURDEVAL

NOTICE SUR LA FONDATION DE L'HOSPICE

(*Suite*)

Deuxième coup de théâtre.

4 septembre 1876.

La Commission de charité, qui administrait toujours l'hospice, venait de tenir à la mairie sa séance mensuelle, le lundi 4 septembre 1876 ; il était plus de 3 heures du soir. En sortant, un des membres aperçut, sur le mur de la mairie, un avis du maire annonçant que, *du 20 août au 4 septembre*, une enquête publique était ouverte dans la commune sur *la convenance de déclarer d'utilité publique la maison de refuge des vieillards et de lui accorder la personnalité civile.*

Il fit remarquer la petite affiche à MM. Enguehard et Vaullegeard et les trois membres de la commission de charité remontèrent au secrétariat de la mairie, prendre connaissance des pièces soumises à l'enquête.

Leur surprise fut grande quand ils découvrirent que la demande provenait de Mme Saint-Antoine et d'un nouveau Conseil d'administration de l'asile, nommé par elle, déjà en exercice au 1er août précédent et *dont faisaient partie MM. Lorier, maire, et Poullain, curé, leurs collègues de la commission de charité.*

Le projet, ou plutôt le complot, avait été ourdi dans le secret et le mystère ; il n'en avait pas été dit un mot au Conseil municipal, qui s'était réuni à la session d'août, ni à la commission de charité, qui avait eu sa séance mensuelle le lundi 7 août et qui venait, à l'instant, de tenir sa séance de septembre. Ni M. Lorier, maire, ni M. le curé Poullain, n'avaient fait à leurs collègues la moindre ouverture au sujet du comité qui s'était mis à leur place depuis le 1er août.

Ce nouveau conseil était composé de :

Mme	Saint-Antoine	
MM.	Poullain, curé-doyen	
	Lorier, maire	
	Bazin Armand . .	Conseillers municipaux
	Rondel.	
	Heurtaut.	
	Meslay Pierre . .	Membres du bureau de bienfaisance
	Lenicolais Prosper	
	Esnault Charles .	

c'étaient les membres mêmes qui présentaient les statuts et réclamaient la personnalité civile pour l'établissement dont ils s'emparaient.

Ces statuts, qui nommaient M. Lorier, — non comme maire, mais à titre personnel, — président de l'asile pour cinq ans, avaient été élaborés dans une réunion tenue chez lui, le 1er août, et à laquelle assistait M. l'abbé Ameline, supérieur du séminaire de Mortain.

Quel était le motif de ce changement radical? La maison était-elle mal administrée? Quelles réformes étaient réclamées? Les ressources augmenteraient-elles? Qu'y gagneraient les pauvres?

Protestations à l'enquête.

La nouvelle se répandit de suite dans le bourg, où elle causa une vive émotion. Les protestations se firent sur l'heure, le lundi soir même, avant la clôture de l'enquête : M. Thomas, en son nom et au nom de vingt-cinq signataires (1) ; MM. Hardy, Quedrue, Labiche Auguste, Lenicolais aîné, lui-même, — reconnaissant que les statuts présentés n'étaient pas ceux adoptés en sa présence chez M. Lorier le 1er août ; — Vaullegeard Charles, Labiche Jules, conseiller général, Alix Duval, conseiller municipal, réclamèrent avec énergie, contre cette tentative de rapt, contre la prétention émise par la religieuse de nommer les membres du comité administratif. Un grand

1. MM. Thomas, A. Levallois, E. Lenicolais, Tostain, Bigot cons. mun.; Dr Enguchard, membre de la comm. de charité, Victor Bazin, François Morin, François Bochin, Ch. Renée, M. Maincent, Achille Levêque, Pierre Besnard, Léon Aubine, Paul Labiche, Poulain, Emile Lemoine, Magloire Lemonnier, Jules Salfray, Benjamin Montécot, A. Goulet, Boutry, H. Almin, Lechevallier, Legorgeu, Pierre Basselin, négociant,

nombre étaient des bienfaiteurs de l'asile et leurs dons dépassaient certainement la somme inexactement attribuée, le 8 août 1875, par Mme Saint-Antoine, aux donateurs de Sourdeval.

Nouvelles promesses de la Religieuse.

Ces protestations et la réprobation des habitants firent craindre à la religieuse de voir échouer les projets qu'elle méditait depuis si longtemps : la situation lui parut grave; de suite, le 8 septembre, elle adressa une lettre imprimée à chacun des conseillers municipaux.

Elle leur annonçait qu'ils allaient être appelés à donner leur avis sur l'asile : « il a circulé, de faux bruits », disait-elle; « pour éclairer votre opinion, je déclare que l'asile dont la personnalité civile est réclamée, *sera un établissement public de Sourdeval et qu'en conséquence du décret du gouvernement, ni moi, ni ma famille, ni ma communauté, ni personne ne pourront jamais élever sur la propriété de l'asile la moindre prétention.* »

Protestation du conseil municipal.

Le 24 septembre 1876, l'enquête fut soumise au conseil municipal.

Quoique pas un habitant ne se fût présenté pour appuyer la demande, que toutes les dépositions fussent contraires, le commissaire enquêteur concluait à la déclaration d'utilité publique et à l'octroi de la personnalité civile.

M. Thomas, dans un langage chaleureux, indigné, éloquent, protesta contre les prétentions de la religieuse et des personnes qui s'étaient associées à elle pour s'emparer de l'hospice.

Il fit valoir que les statuts rendaient l'asile indépendant de la commune et en faisaient le partage de la Congrégation du Sacré-Cœur, en la favorisant de prérogatives qui ne différaient guère des droits du propriétaire, et qu'il pourrait arriver que l'asile fût mal administré ; par des personnes antipathiques à la population ; qu'il ne rendit pas les services attendus, sans que la commune, tenue à l'écart, pût l'empêcher.

Il s'éleva contre cet acte de méfiance envers les représentants de la commune et demanda au conseil de repousser la demande soumise à l'enquête.

Le conseil municipal prit deux décisions : d'abord, et par 11 voix contre 8 sur 19 votants, il se refusa à appuyer la demande de madame Saint-Antoine.

Votèrent pour la commune	Votèrent pour le Comité
MM. 1. Thomas.	MM. 1. Lorier.
2. Labiche.	2. Heurtaut.
3. Alix-Duval.	3. Meslay.
4. Alix, J -Bte.	4. Bazin, Armand. membres du Comité
5 Lenicolais, Éd.	5. Lalouel.
6. Mauduit, Michel.	6. Bochin.
7. Landelle, Geo.	7. Ledru.
8. Tostain.	8. Leroy, Michel.
9 Levallois, Alexis.	
10. Bigot.	
11. Mogis.	

MM. Rondel, Pallix, Landelle Victor, Liot étaient absents.

Le conseil se prononça ensuite sur la proposition de M. Thomas qui fut formulée en ces termes :

« Le conseil dit qu'il n'est pas d'avis de reconnaître d'utilité publique et jouissant des avantages de la personnalité civile, l'établissement désigné, dans la demande soumise à l'enquête, sous le nom d'asile Saint-Joseph ; que cette reconnaissance et ces avantages ne sauraient être accordés qu'au cas où il serait reconnu comme hospice communal ou appartenant au bureau de bienfaisance. »

Quand cette proposition fut mise aux voix, MM. Meslay, Heurtaut, Bazin Armand, Lalouel, Bochin, Ledru et Leroy sortirent de la salle et ils ne prirent point part au scrutin.

La proposition de M. Thomas fut adoptée par 11 voix sur 12 votants, M. Lorier ayant seul voté contre.

Le calme renaît à Sourdeval

Après la séance du conseil municipal du 24 septembre 1876, la population recouvra la tranquillité, se croyant certaine que l'hospice ne serait pas enlevé à la commune. Du reste le comité nouveau qui avait tenté, de son autorité privée, de s'attribuer l'administration de l'hospice, ne donna aucun signe de vie. La commission de charité continuait à administrer l'hospice, à fournir les fonds, de concert avec le bureau de bienfaisance ; à y admettre les vieillards, comme elle le faisait depuis 1864 ; M. le maire et M. le curé, président et secrétaire de la commission de charité, Mme Saint-Antoine, qui était admise aux séances, semblaient même avoir oublié leur tentative de substituer le comité nommé par eux à la commission de charité nommée par le conseil municipal.

Troisième conp de théâtre.

Tout alla ainsi jusqu'au 1er mai 1877 : ce jour là, la commission de charité était réunie, comme d'usage, à la mairie; les cinq membres MM. Lorier Poulain, Labiche, Enguehard, Vaullegeard étaient présents, Mme Saint-Antoine assistait aussi à la séance. M. Lorier informa la commission qu'un décret, du 20 avril 1877, instituait légalement la société de l'asile Saint-Joseph et en approuvait les statuts.

Décret du Maréchal de Mac-Mahon.

20 avril 1877

Le 12 du même mois, le conseil municipal était réuni pour dresser le budget des recettes et dépenses de la commune pour l'année 1878. M. Thomas, secrétaire du conseil, à propos de la somme de 300 francs inscrite comme salaire des religieuses de l'asile, dit que la commune n'était plus dans la même situation vis-à-vis de l'établissement appelé asile Saint-Joseph; qu'en effet, tout le monde croyait que cet établissement devait appartenir à la commune ou au bureau de bienfaisance; que la sœur Saint-Antoine l'avait déclaré au conseil et à toute la population, tout le temps, il est vrai, pendant lequel elle faisait édifier, mais qu'aussitôt les bâtiments achevés, la dite dame avait refusé de tenir sa promesse et, au lieu d'un hospice communal, elle en avait fait **un établissement privé ; — il avait cru sur la foi de la dame Saint-Antoine : il a donc été trompé.**

C'est sur cette initiative que le Conseil fut saisi du décret du 20 avril 1877.

Le conseil municipal offre la conciliation.

Les statuts approuvés différaient du projet présenté par le comité : à la suite d'une demande de Mme Saint-Antoine, dont il sera question plus loin, le Conseil d'Etat acceptait que les membres éligibles, au lieu d'être pris trois dans le Conseil municipal, et trois dans le bureau de bienfaisance, devraient être choisis par le Comité, savoir : deux dans le Conseil municipal ; deux dans le bureau de bienfaisance ; deux parmi les bienfaiteurs.

M. Labiche proposa d'admettre le fait accompli, en réclamant seulement la modification des statuts pour donner au Conseil municipal la nomination de trois membres pris dans le Conseil qui s'adjoindraient au Comité statutaire et auraient voix délibérative, et sa proposition fut adoptée par 11 voix contre 8.

Disssolution de la Commission de charité.

Le lundi, 4 juin 1877, à la séance de la Commission de charité, à laquelle assistaient tous ses membres, MM. Lorier, Poullain, Labiche, Enguehard et Vaullegeard, M. Labiche exposa que, le décret du 20 avril attribuant l'administration de l'asile au Comité de Mme Saint-Antoine, la Commission était désormais sans objet, et qu'il convenait qu'elle rendît au conseil municipal les pouvoirs qu'elle avait reçus de lui en 1862.

Cette décision fut prise à l'unanimité des 4 votants, M. le maire s'étant abstenu. A partir de ce jour, la Commission de charité cessa de fonctionner et fut remplacée par le Comité de l'asile, dans lequel M. Vaullegeard consentit à entrer.

Prophétie.

Le 13 septembre 1877, le conseiller municipal que l'on avait essayé de circonvenir et d'intimider le 7 mai 1875, recevait d'un ancien condisciple, d'un ami dévoué, une lettre qui lui causa une vive impression :

« Tu ne te douterais jamais des propos que l'autre jour, à l'asile de Sourdeval, on a tenus sur ton compte, *inter pocula*, à table, où étaient MM. A..., L..., M..., P..., un laïque et la religieuse ! — Ah ! mon ami, ne te mets pas mal avec ces gens-là : Ils ont pour toi l'estime que mérite ton caractère,.... mais, comme ils t'élevaient en 1875 quand ils te proposaient la candidature à la députation, au nom des presbytères et des châteaux de l'arrondissement de Mortain, de même aujourd'hui qu'ils voient que tu ne consens pas à leur servir d'instrument, ils te poursuivront de leurs calomnies, sans se lasser jamais, répétant toujours les mêmes critiques, certains qu'à force de dire du mal de quelqu'un, on arrive, quand même tout serait faux, à faire croire à quelque chose. — On mettra la désunion dans ta famille ; on intimidera tes amis, qui n'oseront plus te serrer la main, même te saluer ; on profitera de toutes les occasions pour essayer de t'isoler, même de tes frères et sœurs, de t'enlever le respect de tes neveux et nièces, même de tes enfants. — Ah ! mon ami, ne lutte pas contre eux, ils sont capables de..... Tu auras beau avoir pour toi la raison et la justice, ils te déshonoreront. »

Tels étaient à peu près les avertissements de cet homme sage et expérimenté.

On a vu, en effet, depuis 1876, trois journaux : l'*Avranchin*, le *Courrier de la Manche*, l'*Eclaireur de la Manche* venir successivement, chacun à son tour jusqu'à épuisement de son crédit, déverser chaque semaine la diffamation et l'outrage sur les hommes de caractère, qui ont refusé d'aliéner leur indépendance.

Le comité s'empare de l'avoir des pauvres.

Les membres du comité de l'asile repoussèrent le 23 décembre 1877 l'essai de conciliation proposé par le Conseil municipal, et ils y répondirent en s'emparant de l'argent et des titres de la commission de charité.

Ils décidèrent, en effet, que les fonctions de M. Vaullegeard, comme trésorier de la commission de charité, cessaient à partir de ce jour : M. Vaullegeard remit à M. le curé l'argent et les titres de la commission, et celui-ci versa les fonds à Mme Saint-Antoine (f. 677,37 formant l'encaisse), et livra les titres — 80 fr. de rente représentant un capital d'environ 2000 fr., — « *aux* « *mains de M. Lorier, maire de Sourdeval,* « *président de toutes les commissions de cha-* « *rité, et notamment de celle qui fut créée à* « *Sourdeval en l'année* 1863. »

Nomination d'une nouvelle municipalité.

Quelques semaines après, l'administration de la commune passa de MM. Lorier, Rondel et

Heurtaut, à MM. Jules Labiche, Tostain et Levallois : le décret du président de la République qui nommait les derniers maire et adjoints, est du 12 février 1878.

La nouvelle municipalité, composée d'hommes qui avaient sans cesse revendiqué les droits de la commune sur l'asile, fit des efforts pour arriver à la conciliation ; le nouveau maire reçut de MM. le curé Poullain et Heurtaut de belles paroles, mais qui ne furent jamais suivies d'effet, et l'asile continua à être en état d'opposition avec le conseil municipal et la population.

L'usurpation de 2,000 fr.

Le 4 novembre 1878, M. le curé Poullain, ancien secrétaire de la commission de charité, inscrivit de sa main sur les registres des délibérations qui étaient restés en son pouvoir, que les titres de 80 fr. de rente étaient remis aux mains de M. Bazin, trésorier de l'asile Saint-Joseph et il ajoutait : « *Cette somme, en effet, appartient* « *aux pauvres de Sourdeval et par conséquent* « *doit être employée à soulager les indigents* « *et les malades de la commune, dont s'occupe* « *spécialement, et, pour ainsi dire, uniquement* « *l'établissement de Saint-Joseph.* »

signé : Poullain, curé de Sourdeval.

Le lecteur s'étonnera de deux choses surtout, dans cette déclaration hardie :

1° Que M. Lorier, qui avait reçu ces titres, le 14 septembre 1877, après la dissolution de la commission de charité comme maire, et qui n'était plus maire depuis près d'un an, le 4 novembre 1878, ne les ait pas remis à son successeur, comme c'était son devoir, et les ait livrés, de son autorité privée, à l'asile Saint-Joseph.

2° Que M. le curé Poullain, qui était membre du bureau de bienfaisance, en même temps que du comité de l'asile, ait osé avancer que le comité de l'asile était *pour ainsi dire* seul à s'occuper des indigents et des pauvres de la commune.

Le Conseil municipal et le bureau de bienfaisance ont eu beau réclamer ces titres au comité de l'asile, celui-ci a refusé de les restituer, malgré la menace d'un procès, et il en est encore détenteur.

Cession de l'asile au Comité.

Le Comité, dont MM. Rondel et Lenicolais ne faisaient pas partie, se composa de : Mme St-Antoine, M. le curé, M. le maire; MM. Heurtaut et Leroy, conseillers municipaux ; MM. Meslay et Esnault, membres du bureau de bienfaisance ; MM. Bazin Armand, et Vaullegeard, bienfaiteurs.

Il prit l'administration effective de l'asile, à la place de la Commission de charité.

Un de ses premiers actes fut, le 22 juin 1877, de reconnaître Mme Saint-Antoine comme propriétaire de l'hospice et de consentir à accepter d'elle, par acte notarié, la cession de notre établissement hospitalier.

Jusque-là M. Heurtaut avait été seul à admettre Mme Saint-Antoine comme propriétaire ; quatre des autres membres du comité avaient, le 8 mai 1875, au conseil municipal, revendiqué cette propriété pour la commune. Le décret du 20 avril 1877 ne devait cependant pas suffire à modifier leur opinion, puisque M. le sous-préfet Payran constatait que la propriété de la commune se conciliait parfaitement avec la personnalité civile de l'établissement.

Le 18 novembre, le conseil reçut communication de l'acte de cession imposant entre autres conditions « de respecter les statuts approuvés par le décret du 20 avril 1877. »

Le conseil fut frappé d'une grande surprise à cette nouvelle inattendue : Mme Saint-Antoine n'avait-elle pas écrit, le 8 septembre 1876 « qu'en « conséquence du décret du gouvernement, ni « elle, ni sa famille, ni sa communauté, ni per« sonne ne pourraient jamais élever *sur la pro« priété de l'asile* la moindre prétention ? »

Comment donc, aujourd'hui, agissait-elle en propriétaire et les membres du comité l'acceptaient-ils comme propriétaire ?

Pétition des habitants

Quinze jours après, le 2 décembre 1877, le conseil était réuni pour donner son avis sur la cession de l'asile au comité administratif : M. Tostain déposa une pétition des habitants ainsi conçue :

« Nous soussignés, habitant la commune de Sourdeval, ayant appris que le Conseil Municipal était convoqué pour demain, à l'effet de prendre une décision au sujet de l'établissement de l'asile Saint-Joseph, avons l'honneur de lui remettre la pétition suivante :

« Nous considérons que Mme Saint-Antoine ayant fondé l'asile Saint-Joseph, non avec sa fortune personnelle, mais bien avec les dons qui lui ont été faits par des personnes charitables, n'a point agi avec justice, ni dans l'intérêt de l'établissement, en composant de sa propre autorité le conseil d'administration de l'asile, sans consulter le Conseil Municipal et le bureau de bienfaisance, et contre la volonté de plusieurs donateurs. »

« Malgré notre plus grand désir de voir prospérer l'asile Saint-Joseph, il ne nous paraît pas admissible que le Conseil Municipal dispose des ressources communales en faveur de l'asile, sans qu'il lui soit permis de contrôler officiellement l'emploi de ces ressources, ni donner son avis dans les questions d'administration de l'asile. »

« Nous verrions avec plaisir que le Conseil Municipal s'abstienne d'avoir aucun rapport avec l'administration de l'asile, sauf en ce qui concerne les deux religieuses qui doivent soigner les malades à domicile, tant qu'il ne sera pas représenté par quelques délégués faisant partie du Conseil d'administration. »

« Par suite du remplacement de la commission de charité, les pauvres pouvant avoir à souffrir, nous prions le Conseil Municipal d'aviser aux moyens à employer pour secourir efficacement ceux que l'asile Saint-Joseph ne pourrait assister. Nous lui promettons, pour cet objet, notre concours le plus empressé. »

« Nous profitons de cette circonstance, pour remercier bien sincèrement MM. les membres de la commission de charité, pour le zèle qu'ils ont mis dans l'accomplissement du mandat que leur avait confié le Conseil Municipal. »

« Sourdeval, le 1er décembre 1877.

« Signé : Poulain ; Veron, notaire ; François Bochin ; E. Bazin ; Fr. Morin ; P. Labiche ; Lechevallier ; Hardy, ancien notaire ; Erard ; Niveaux ; Victor Bazin ; J.-G. Resnable ; Bochin, débitant ; Lelandais père ; E. Levallois ; Buffard ; Quedrue ; Almin ; A. Goulet ; Boutry ; Thibault ; Legorju ; H. Grézel ; Lorence ; E. Bazin ; Passais ; Couillard ; T. Lejemble ; R. Escroignard ; A. Boëlle ; A. Yver ; Danguy ; Pierre Gallouin ; R. Erard ; L. Chancerel ; A. Chancerel ; L. Aubine ; J. Millet ; C. Renée ; Mauger-Poulin ; Frémont ; E. Daniel ; P. Lenicolais aîné; F. Le Mounier; Clerget; A. Labiche; E. Lemoine; Basselin; Desvaux; A. Conard; A. Resnable; Gallouin; veuve Mauger-Daniel; Bazin; J. Lepetit. »

Le conseil municipal prit la délibération suivante:

« Le conseil s'oppose à tout acte qui reconnaîtrait à Mme Saint-Antoine la propriété de l'asile ou priverait de leurs droits les donateurs qui ont protesté dans l'enquête de septembre 1876; et il persiste à affirmer qu'il est indispensable, comme dernière limite de conciliation, que le conseil puisse contrôler l'exercice de la bienfaisance à l'asile par des membres nommés par lui s'adjoignant au comité administratif et ayant voix délibérative, et par conséquent ne peut émettre un avis favorable à la cession de l'asile soumise à sa délibération.

Elections municipales

Janvier 1881

L'émotion de la population et ses sentiments à l'égard de l'asile se manifestèrent aux élections qui eurent lieu en 1881 pour renouveler le Conseil municipal.

Sur les vingt-trois conseillers, treize n'avaient jamais cessé de protester contre le rapt de l'hospice, c'étaient :

MM. Mauduit.
Alix Pierre.
Mogis.
Bigot.
Levallois, A.
Labiche.
Liot.

MM. Thomas.
Tostain.
Lenicolais, Ed.
Landelle, Geo.
Alix, J.-Bte.
Pallix, médecin.

Neuf membres avaient constamment voté en sens contraire, c'étaient :

MM. Lorier, maire.
Heurtaut, Dr médecin.
Bazin, Arm.
Leroy.

MM. Meslay.
Lalouel.
Ledru.
Landelle, Victor.
Bochin.

Le 23e conseiller était M. Victor Clouard qui n'avait pas eu l'occasion de se prononcer.

L'élection se fit sur la question de l'asile : les électeurs éloignèrent les conseillers qui n'avaient pas réclamé la propriété de l'asile et firent entrer au conseil treize membres nouveaux. MM. Lenicolais, père ; Lebrun ; Bazin, Julien-Victor ; Alix, Ferdinand ; Laurent, Pierre ; Lemaignen, notaire ; Clouard, Pierre ; Almin, Henri ; Jeanne, Pierre ; Dufay, Nestor ; Esnault, Charles ; Chancerel, Léon ; Montécot, Benjamin, qui promettaient, dans leur profession de foi, de revendiquer l'asile, et de travailler à détruire l'iniquité commise en 1876.

Trois partisans de l'acte de 1876 trouvèrent seuls, pour des motifs divers, grâce devant les électeurs.

Poésie électorale.

Réponse au groupe d'Electeurs, 1881.

Insolents partisans de votre république,
C'est à vous que je parle, écoutez sans réplique.
Sous cette signature ! « un groupe d'électeurs »
Vous avez diffamé par vos propos menteurs,
Tout ce que Sourdeval a de grand et d'honnête,
Un reste de pudeur, en votre cœur de bête,
Ne vous a pas permis de mettre à découvert,

Vos noms, qui vous font honte, et que, pour parler clair,
Chacun méprise et hait, dans le fond de son âme,
O lâches, vous attaquez une honorable femme,
Qui ne songe qu'à rendre au pays des bienfaits,
Répondant par le bien aux maux qui lui sont faits.
Quel que soit votre rang, diffamateurs impies,
Vous avez mérité d'aller aux Gémonies,
Le vice a triomphé, en ce funeste jour,
Mais la vertu cachée aura bientôt son tour.
Alors vous rougirez, sectateurs de Voltaire;
Vous serez démasqués en face de la terre,
O toi, noble et sainte femme, ô notre ange gardien,
Garde-nous près de toi, pour faire aussi du bien.
Prodige de bonté, d'un pauvre. . . . . .
A l'hospice, chez toi, tu nourris . . . . . .
Et, pour récompenser un service si grand,
Il t'accable d'injures et, crie, à chaque vent :
« Ecrasons l'infâme ». et à cette voix qui crie,
Nous disons : « le feu gagne, éteignons l'incendie. »

UN ADMIRATEUR DE SAINT-ANTOINE

Legs de la dame Vve Hamel.

La dame Roynel, veuve de Jacques Hamel, mourut, rue Saint-Martin, vers cette époque. A peine avait-elle rendu le dernier soupir que Mme Saint-Antoine. se croyant légataire universelle, requit M. le juge de paix d'opérer une recherche au domicile de la défunte. Elle présenta à ce magistrat les volontés de la veuve Hamel écrites, de la main de celle-ci, sur un petit carré de tissu de coton, de 10 centimètres sur 15, portant des marques de sueur qui indiquaient que cette étoffe avait été portée longtemps en contact avec la peau. Cet écrit était ainsi conçu :

« Aussitôt que je serai morte, premier que de me
« partir de la maison pour mon inhumation, je prie
« les autorités de Sourdeval de prendre une boite

« carrée en fer blanc, qui est fermée à clé avec un ca-
« guena ; tous mes principales papiers sont enfermés
« dedans, surtout mes dernières volontés. Cette boite
« est placée dans le haut d'un placard qui est dans le
« mur à la tête du lit de ma bel-mère. »

M. le juge de paix se rendit avec Mme Saint-Antoine au domicile de la défunte, où se tenait une autre religieuse, veillant ou surveillant auprès de la morte.

La boite en fer blanc ne se trouva pas à l'endroit indiqué : Mme Saint-Antoine assura que le testament existait, que le confesseur de la femme Hamel l'avait encore vu la semaine précédente : on fit de nouvelles recherches et on finit par le trouver.

Le greffier en donna lecture devant M. le juge de paix, les deux religieuses et deux autres personnes présentes.

« Veuillez rédiger le procès-verbal » dit, après la lecture, M. le juge de paix au greffier ; « Mme Saint-Antoine va le signer » et il se tournait vers la religieuse ; mais elle n'était plus là. Au moment où le greffier avait lu . ... « *Je lègue à* » .... non à Mme Saint-Antoine, comme celle-ci l'attendait, mais... « *je lègue à M. le Maire de Sourdeval* » ..., Mme Saint-Antoine et sa compagne s'étaient dérobées sans bruit.

Peu après, la religieuse présentait au sieur Roynel, frère et héritier de la défunte, un mémoire à payer pour soins donnés à sa sœur pendant sa maladie.

Ces réclamations de salaire (1) sont contraires aux engagements pris par la congrégation du

1. Voir page 101 de la brochure du conseil municipal relativement à une autre demande adressée à Mme veuve R.

Sacré-Cœur (1), de fournir deux sœurs de charité pour soigner *gratuitement* nos pauvres, nos malades à domicile.

Les familles ont toute liberté de faire des générosités à la congrégation de Coutances, mais celle-ci n'a pas le droit d'en exiger.

Legs de Mlle Justine Adigard.

Les donations au Bureau de Bienfaisance, au nombre de vingt-deux depuis 1831 jusqu'en 1865, s'élevaient à 64,754 fr. 25 ; ajoutées au produit de la vente de concessions dans le cimetière, elles avaient permis d'acheter 2,788 fr. de rente sur l'Etat, précieuse ressource pour nos pauvres.

Le lecteur aura remarqué (page 106) que depuis l'année 1868, c'est-à-dire depuis la mort du bon curé M. Viel, depuis l'époque où l'asile a subi l'influence que l'on connait, le Bureau de Bienfaisance n'a reçu aucun legs par testament, sauf trois : celui de Louise Davy, versé aux sœurs du Sacré-Cœur ; celui de la dame Hamel, que la religieuse croyait assuré à sa congrégation, et celui de Mlle Adigard qui est revendiqué par l'asile.

Mlle Justine Adigard mourut à Mortain, laissant un testament, en date du 3 mai 1881, par lequel elle léguait un lit à l'hospice au profit d'un pauvre de Sourdeval.

Le notaire de Mortain remit une expédition du testament au maire de Sourdeval.

Le Bureau de Bienfaisance, représentant des

---

1. En 1854, lorsque la commune lui confia le poste *productif* de l'école des filles.

pauvres, en fut saisi et s'enquit auprès de l'asile de l'annuité qui serait réclamée pour cette fondation. L'asile prétendit que le Bureau de Bienfaisance n'était pas légataire, n'avait rien à voir dans cette affaire et que le legs était fait en faveur de l'asile.

Les avis motivés du Conseil municipal et de M. le Préfet n'ont pu vaincre la résistance de l'asile. D'un autre côté, les héritiers ont élevé des difficultés à la délivrance du legs. L'affaire en est là.

Opposition de l'asile.

Le jugement porté par les électeurs, en janvier 1881, ne produisit pas les effets que l'on pouvait attendre : la sagesse, la conciliation de la part de l'asile et la réflexion de la part des quatre enfants de Sourdeval qui faisaient partie du Comité.

Cependant la municipalité continuait à offrir la paix. La loi du 5 août 1879 ayant replacé les curés et desservants dans les conditions où ils avaient été jusqu'en 1873, à l'égard des bureaux de bienfaisance, M. le curé Poullain ne fut plus membre de droit : la municipalité le fit désigner par l'autorité, et il continua à faire partie du bureau de bienfaisance.

Le conseil municipal espérait que ce témoignage ferait répudier par M. le curé sa déclaration du 14 décembre 1877, offensante pour le bureau de bienfaisance. Il n'en fut rien ; l'opposition n'en fut que plus accentuée.

M. le curé supprima sa souscription au bureau de bienfaisance; il ne lui remit plus le produit des quêtes pour les pauvres ; avec son consentement, un secours de 100 francs par an que le bureau recevait du département, lui fut enlevé et accordé à l'asile par la Commission départementale; les legs des mourants ne se produisaient plus.

Et pendant ce temps-là, la chaire retentissait de louanges à l'adresse de l'asile Saint-Joseph !

Qui pourrait être surpris que le Conseil municipal crut devoir exclure ce membre qui dénigrait et combattait ouvertement le bureau de bienfaisance ? — M. le curé Poullain, qui sortait au 31 décembre 1880, ne fut pas renommé.

L'hostilité de l'asile augmenta encore après cet acte de justice et elle se manifesta surtout à l'occasion des legs de la veuve Hamel, 18 juin 1881, et de Mlle Justine Adigard, 24 mai 1883, et elle alla à ce point que le clergé déclara en chaire, dans un langage sans mesure, qu'il refusait d'annoncer au prône les distributions de pain qui se feraient, après les enterrements, si elles n'étaient pas confiées à l'asile Saint-Joseph !

Cessation de relations avec l'asile

Le bureau de bienfaisance supportait ces attaques, espérant toujours que la sagesse reprendrait le dessus et il continuait à charger Mme St-Antoine de la distribution de ses secours.

Mais des plaintes « s'élevèrent contre ces distributions, qui se faisaient avec partialité et passion, sans tenir compte de la liste ; » le bureau décida de distribuer lui-même aux pauvres l'argent, le pain, la graisse, le bois, les vêtements etc., et de cesser, comme la population l'avait demandé le 2 décembre 1877, toute relation avec l'asile, où il n'avait aucun moyen de contrôle.

Le conseil municipal approuva cette résolution le 5 février 1882, et, le 15 mai suivant, il résolut de ne pas se servir de l'intermédiaire de Mme Saint-Antoine pour l'emploi du legs de 249 fr. de rente de Mademoiselle Azeline Bichain.

Le conseil décida alors de publier toutes ses délibérations concernant l'asile, de même que certaines découvertes que l'on venait de faire, et qui jetaient une lumière éclatante sur les procédés employés pour obtenir le décret du 20 avril 1877.

Découvertes.

L'étude du dossier de l'enquête, tel qu'il fut envoyé à Paris, a révélé certaines manœuvres, cachées soigneusement au Conseil et à la population, et employées pour tromper le Conseil d'Etat.

On a découvert qu'à la suite de la délibération du Conseil municipal du 24 septembre 1876, pendant que les habitants de Sourdeval (page 134), pleins de confiance, se croyaient en toute sécurité, le travail souterrain continuait : la religieuse adressait à l'administration plusieurs communications qui furent jointes au dossier, sans être soumises à une nouvelle enquête.

C'étaient : une *déclaration de notables de Sourdeval*, du 5 octobre 1876, affirmant que la demande de Mme Saint-Antoine était accueillie avec la plus grande faveur par l'immense majorité des habitants de Sourdeval ; des *notes de la sœur Saint-Antoine sur les observations de M. Thomas ; des notes de la sœur Saint-Antoine sur la brochure* figurant à l'enquête ; un *mémoire de la sœur Saint-Antoine, en réponse à la délibération du Conseil municipal et à certains dires de l'enquête* ; une lettre de la sœur Saint-Antoine au président du Conseil d'Etat, du 20 mars 1877, demandant d'exclure le Conseil municipal du Comité et de substituer aux trois conseillers trois *bienfaiteurs* de l'établissement.

La déclaration des *notables* était signée des *auteurs eux-mêmes* de la demande de déclaration d'utilité publique et de *neuf* habitants de Sourdeval savoir : MM. Pierre Regnault, fondeur de couverts. Victor Roynel, serrurier, Louis Pierre, dit Martin, teinturier, Louis Legrandois huissier, Auguste Lebaron père, Auguste Lebaron fils, Victor Landelle conseiller municipal, Salmon, juge de paix, Desclos, vicaire.

Ces pièces occultes étaient un tissu d'affirmations sans preuves, d'insinuations, de dénonciations, que l'on s'étonne de voir accueillies dans le rapport de l'évêque du 2 janvier 1877 et dans celui du préfet, M. du Chevalard, qui le suit à six jours d'intervalle et qui n'est guère que la reproduction de celui de l'évêque.

Ces deux documents respirent la partialité, le parti pris, et font tristement réfléchir sur l'époque néfaste du 16 mai.

En effet, ces rapports ne visent pas les protestations de l'enquête : ils ne visent la délibération du Conseil du 24 septembre 1876, que pour relever les remerciements à Mme Saint-Antoine.

Mais, par contre, ils appuient avec complaisance sur la déclaration des *notables*, sur les notes et mémoires de Mme Saint-Antoine, sur l'avis du commissaire enquêteur.

Ils affirment, sans qu'aucune preuve existe au dossier, objet de leurs rapports, que vingt vieillards sont recueillis gratuitement à l'asile ;

Que les ressources de l'établissement se trouveront infailliblement augmentées par de nouvelles libéralités dès qu'il aura été déclaré d'utilité publique ;

Que les dons ont été principalement recueillis dans les communes environnant Sourdeval ;

Que la majorité de la population applaudit à la demande du comité clérical ;

Que jamais les commissions administratives de la commune de Sourdeval n'ont été appelées à donner leur avis sur les plans, devis, travaux, etc.

Qu'un changement de propriétaire, loin d'augmenter les modestes ressources de l'asile, ne pourrait que les amoindrir ;

Ils affirment, malgré les preuves contraires existant au dossier, que Mme Saint-Antoine n'a jamais été mandataire, *negotiorum gestor* ;

Que, s'il est *présumable* que certains souscripteurs de Sourdeval ont eu en vue la création d'un établissement communal, d'autres bienfaiteurs, en assez grand nombre, n'avaient pas en vue le même objet.

Enfin ils allèguent ce considérant assez hardi : « attendu que si onze membres du Conseil sur vingt-trois, *se sont abstenus* d'appuyer la demande, dix se sont fait un devoir de la soutenir : huit dans la séance du 24 septembre 1876 et les deux autres, absents de cette séance par maladie, dans la contre enquête ! »

Si les défenseurs de la commune avaient fait

ce raisonnement : « attendu que si huit membres du conseil sur vingt-trois *se sont abstenus* de repousser la demande, treize *se sont fait un devoir* de protester contre elle : onze dans la séance du 24 septembre 1876 et les deux autres dans plusieurs autres scrutins » ; quelle réplique indignée cette argumentation n'aurait-elle pas provoquée de la part de l'évêque !

Ces documents ne sont pas des rapports mais des plaidoyers : ils sont bien à leur place à la suite des pièces perfides et occultes que l'on n'eût jamais osé publier à Sourdeval.

C'est sur le vu de ces pièces, cependant, que le conseil d'État a prononcé et qu'a été rendu le décret du 20 avril 1877.

Première élection pour le renouvellement du comité.

Le délai de cinq ans, après lequel il devait être procédé au renouvellement de la moitié des membres électifs du comité d'administration, était expiré : le 23 mai 1882, le sort désigna comme membres sortants ; MM. Leroy, conseiller municipal, Esnault, membre du bureau de Bienfaisance ; il y avait aussi à remplacer comme membre bienfaiteur, M. Vaullegeard décédé.

M. Leroy fut réélu ; M. Esnault le fut aussi, quoique démissionnaire, et malgré son refus : quant au membre bienfaiteur, le comité, dès la première fois qu'il avait à faire une élection, alla chercher un étranger : il nomma M. l'abbé Ameline, de Mortain.

M. Meslay, qui ne faisait plus partie du Bureau

de bienfaisance depuis le 31 décembre 1879, et qui eût dû être remplacé depuis trois ans et demi, fut maintenu purement et simplement.

Violation des statuts.

Le maintien de M. Meslay au sein du Comité et l'admission d'un *étranger* comme administrateur de *l'Asile Saint-Joseph de Sourdeval-la-Barre*, fondé pour *les pauvres de Sourdeval-la-Barre*, étaient un nouveau défi lancé à la population sourdevalaise.

Rien n'était plus contraire à l'esprit des statuts que l'élection de cet étranger.

L'article 5 porte que les six membres électifs sont choisis : deux dans le conseil municipal, deux dans le Bureau de Bienfaisance, deux parmi les bienfaiteurs ; il ne peut être question que du conseil municipal de *Sourdeval*, du bureau de bienfaisance de *Sourdeval*, des bienfaiteurs de *Sourdeval*.

Si le gouvernement avait entendu admettre des étrangers dans le comité de l'asile qu'il reconnaissait d'utilité publique, il l'eût fait insérer en termes exprès.

Est-ce qu'on va chercher hors commune des étrangers pour former les commissions administratives des hospices, des Bureaux de bienfaisance ?

Si des membres non domiciliés dans la commune peuvent faire partie du conseil municipal, peuvent être répartiteurs, dans une proportion déterminée, n'est-ce pas parce que la loi le permet en termes exprès ?

A partir de ce jour, le comité de l'asile n'a plus été constitué légalement.

Perspective de l'asile tombant à la discrétion des étrangers.

Mme Saint-Antoine prétend qu'elle peut choisir comme membres du comité, des bienfaiteurs par toute la France.

Si cette prétention était admise, ce n'est pas un seul, ce sont les deux bienfaiteurs qui pourraient être pris hors commune. Or, joints au curé-doyen et à la sœur directrice qui sont soumis à leurs supérieurs de Coutances et sans cesse sujets à un déplacement, ces deux bienfaiteurs, pourraient, en cas d'absences, avec un seul Sourdevalais, composer la majorité de cinq membres pouvant délibérer : *ils pourraient, à la majorité de quatre voix contre une*, CELLE DU SOURDEVALAIS, engager l'asile ; ils pourraient, même avec la présence des neuf membres du comité, avec la voix d'un seul Sourdevalais, prendre une résolution valable, malgré l'opposition des quatre autres Sourdevalais !

Une énormité pareille pourrait-elle être soutenue ?

Mme Saint-Antoine demande l'exclusion du Conseil municipal.

Le projet de statuts soumis à l'enquête en septembre 1876, ne désignait pas de bienfaiteurs pour faire partie du comité de l'asile.

S'il en a été admis deux dans les statuts approuvés, c'est à la suite de la lettre ci-après par laquelle on avait fait demander par Mme Saint-Antoine de remplacer les trois conseillers municipaux par trois bienfaiteurs.

Sourdeval-la-Barre, le 20 mars 1877.

Monsieur le Président,

J'ai adressé à M. le ministre de l'Intérieur une demande dans le but d'obtenir la reconnaissance comme établissement d'utilité publique, d'un asile que j'ai fondé, sous le vocable de Saint-Joseph, dans la commune de Sourdeval-la-Barre (Manche). Je pense que le dossier doit être soumis en ce moment au Conseil d'Etat et je viens vous prier de faire une modification à l'article 5 de *mes* statuts et de substituer aux mots « trois membres du Conseil municipal » ces mots « trois bienfaiteurs de l'Etablissement ».

Signé Sœur Saint-Antoine.

Le conseil d'Etat n'osa cependant pas, sur cette demande occulte, exclure tout à fait le conseil municipal de l'asile : il réduisit seulement à deux le nombre des conseillers municipaux. Il fit de même à l'égard des membres du Bureau de Bienfaisance et il put ainsi faire entrer dans le comité deux bienfaiteurs pris en dehors des mandataires des habitants.

Impuissance de l'autorité.

A la séance suivante du comité, le 29 juillet 1882, M. le maire présenta des observations sur le maintien de M. Meslay, comme membre représentant le bureau de Bienfaisance, quoiqu'il ne fit plus partie de ce bureau depuis plusieurs années, et sur la nomination de M. l'abbé Ameline, inéligible à cause de sa qualité d'étranger à Sourdeval.

Ses observations furent accueillies avec si peu de convenance qu'il dut quitter la séance.

Le conseil municipal saisi de l'incident, le 13 août suivant (1882), approuva la conduite du maire, et émit le vœu que les statuts, obtenus à l'aide des moyens que l'on a vus, fussent révisés de manière à ce qu'à l'avenir, le chef de la municipalité ne fût plus le jouet du Conseil d'administration, et il décida, de concert avec le bureau de bienfaisance, de revendiquer les 2,000 fr. de valeurs appartenant aux pauvres, détenus sans droit par le trésorier de l'asile.

Refus de faire partie du Comité.

Les instances les plus vives furent faites auprès de M. Esnault, pour le décider à accepter sa nomination du 23 mai 1882 : les visites, l'intervention des tiers, n'y firent rien ; M. Esnault, qui voulait bien se dévouer à l'assistance des pauvres, refusa de faire de l'opposition à la municipalité.

Le comité nomma, à sa place, M. Lenicolais qui, le 15 février 1883, répondit de suite, en motivant ainsi son refus : « tant que le conseil d'administration de l'asile ne se sera pas montré disposé à la conciliation avec le bureau de bienfaisance et le conseil municipal, je ne pourrai pas en faire partie. » Il ajoutait qu'il désirait cette conciliation et voir cesser cette division scandaleuse.

Le comité nomma ensuite, le 18 août 1883, au défaut de M. Lenicolais, M. Tardif Auguste, de la Mazure-Hamon. M. Tardif refusa en disant qu' « il ne voulait pas laisser croire à Mme Saint-Antoine qu'il pourrait contribuer à entretenir entre les habitants de Sourdeval cette division causée par sa prétention de nommer les administrateurs de notre asile ».

Pourquoi le comité refuse-t-il la liste des Bienfaiteurs ?

L'art. 20 des statuts de l'asile est ainsi conçu :

« Le titre de Membre Bienfaiteur de l'asile Saint-Joseph est accordé aux personnes qui auront donné à l'œuvre une somme de cinq cents francs ou l'équivalent.

« Les noms de ces membres Bienfaiteurs seront inscrits sur un registre ou diplôme dressé à cet effet... »

Ce registre n'existe pas : il a été réclamé à plusieurs reprises par le maire, membre du Comité, par M. le Sous-Préfet, par M. le Préfet, sous la surveillance duquel est placé l'établissement ; le comité, à qui il incombe de juger les droits à l'inscription, et de dresser la liste des Bienfaiteurs, n'a jamais opposé que le silence à ces demandes réitérées.

La religieuse, elle, n'a pas craint de déclarer qu'elle ne ferait pas connaître les noms des Bienfaiteurs ayant contribué par leurs dons à construire la maison, et qu'elle ne se croyait obligée à publier que ceux dont les dons sont postérieurs à la déclaration d'utilité publique.

Pourquoi la religieuse refuse-t-elle de faire connaître les Bienfaiteurs qui ont concouru à la fondation de l'établissement ? Serait-ce parce que cette publication détruirait son affirmation du 7 août 1875, et prouverait que les habitants de Sourdeval avaient fourni plus de 28,000 fr. ?

Ce refus est injustifiable.

N'est-ce pas, en effet, sur la provenance des dons que roule surtout la question de propriété de l'asile ?

Comment, d'un autre côté, MM. Bazin Armand et Vaullegeard, nommés en mai 1877, M. l'abbé Ameline, le 23 mai 1882, M. Meslay, le 21 novembre 1884, ont-ils pu être nommés membres du Comité, comme bienfaiteurs, sans être inscrits sur le diplôme qui doit contenir les noms des personnes ayant fait un don de 500 fr. ?

Le système de M. l'abbé Ameline.

Le 17 février 1883, à la séance du comité de l'asile, M. le Maire insistait de nouveau en faveur de la conciliation : M. l'abbé Ameline lui répondit par la déclaration suivante :

« Il faut parler ici avec franchise ; il y a deux sys-
« tèmes en présence : le vôtre consiste à faire inter-
« venir le conseil municipal directement dans l'admi-
« nistration de l'asile. Nous ne voulons rien dire du
« Conseil municipal d'aujourd'hui, mais nous n'avons
« pas confiance dans le suffrage universel. Le conseil
« municipal peut être mal composé plus tard ; nous ne
« voulons pas de l'intervention du Conseil municipal
« dans l'administration de l'asile, *dans une proportion*
« *quelconque.*

« Il y a un autre système, qui consiste à adminis-
« trer, nous, désignés par les statuts, cet établisse-
« ment qui est à nous, sans l'intervention directe du
« Conseil municipal ; c'est le système que nous vou-
« lons ; nous n'en voulons pas d'autre. »

Les autres membres du comité, enfants de Sourdeval, approuvèrent par leur silence, le *système et la franchise de cet étranger,* parlant en maître à Sourdeval et repoussant le Conseil municipal.

Intervention de M. Heurtaut.

Le 17 juin 1883, M le Dr Heurtaut déclara au Conseil municipal que les statuts ne pouvaient être modifiés : que c'était à cette condition que Mme Saint-Antoine avait fait la cession au comité et que le *Comité l'avait acceptée* ; que, si le comité venait à décider une modification quelconque des statuts, Mme Saint-Antoine aurait le droit d'exercer l'action résolutoire.

M. le Maire répondit qu'il serait à désirer que ce fait se produisît, car la question de propriété de l'asile Saint-Joseph serait mieux traitée comme elle doit l'être. Mais il ne faut pas perdre de vue que, sans modifier aucunement les statuts, le comité peut céder l'établissement à la commune ou au bureau de Bienfaisance.

Les membres du comité pourraient recourir à ce moyen, s'ils avaient confiance dans le suffrage universel, s'ils n'avaient pas peur qu'*à l'avenir le conseil municipal fût mal composé*. Ces Messieurs se croient-ils supérieurs à tous leurs concitoyens, plus capables ? plus honnêtes que toute la population ? Sont-ils bien certains que le comité nommé par eux ne *sera jamais, dans l'avenir, mal composé* ?

Publication des délibérations du conseil municipal relatives à l'asile.

Le 11 novembre 1883, le conseil municipal

réclama de nouveau, avec instances, la modification des statuts de l'asile.

Cette maison, sur laquelle la population avait fondé tant d'espérances, était l'objet de plaintes fréquentes concernant la distribution des secours et les soins donnés aux malades.

D'un autre côté, des attaques incessantes contre la municipalité et le bureau de bienfaisance, de la part de divers adeptes de l'asile, agitaient la population : les insinuations, les calomnies, les injures, les aggressions sur la voie publique ; tous les moyens étaient bons : le clergé lui-même prenait part à cette campagne par ses visites au foyer des familles et son langage en chaire ; la presse réactionnaire servit aussi d'instrument à un scandaleux déchainement d'attaques passionnées et d insultes !

Toutes ces haines, tous ces outrages, à cause de l'asile ! l'asile, la seule cause de nos divisions à Sourdeval !

C'est en présence de cette situation tendue que le conseil municipal résolut de mettre enfin à exécution son projet de publier ses délibérations.

MM. Bigot, Lenicolais, Jeanne, Le Maignen et plusieurs autres membres, déclarèrent que c'était d'une importance capitale, pour le présent et pour l'avenir, d'éclairer la population sur le rôle des représentants de la commune vis-à-vis de l'hospice, et qu'il ne fallait pas hésiter à faire les frais de l'impression.

Cette publication parut en décembre 1883 ; la brochure fut distribuée, à raison de cinq exemplaires, à chacun des conseillers et envoyée aux membres du Comité, à l'Evêque, aux supérieures de la congrégation.

Projet de création d'un deuxième asile.

Les habitants de Sourdeval, qui avaient apporté leurs dons pour l'hospice communal; qui avaient cru que la tâche de Mme Saint-Antoine serait remplie quand l'établissement serait terminé (paroles de Mme Saint-Antoine du 2 octobre 1875, page 127), et qui, suivant le mot de M. Thomas du 12 mai 1877, ont été trompés, ont réclamé la création d'un autre asile qui marcherait d'accord avec la municipalité : un de ces donateurs a offert, pour la réalisation de cette œuvre nouvelle, une somme de 1,200 fr., et, en plus, une rente annuelle de 40 fr. pendant sa vie.

Toujours l'hostilité de l'asile

Le 3 février 1884, le Conseil municipal se plaignit à juste titre des attaques incessantes tendant à prolonger la discorde à Sourdeval.

Voici le procès-verbal de cette séance :

Présents : MM. Tostain, Mogis, Lebrun, Clouard Pierre, Alix Ferdinand, Montécot, Liot, Leroy, Dufay, Esnault, Chancerel, Laurent, Jeanne Pierre, Bigot, Le Maignen, Labiche, maire.

Absents : MM. Mauduit, Heurtaut, Almin, Bazin Armand, Lenicolais, Alix Jean-Baptiste. *Décédé* : M. Bazin, Julien.

Secrétaire : M. Le Maignen.

Un membre demande à M. le Maire s'il a pu obtenir l'acquiescement du comité de l'asile Saint-Joseph aux demandes formulées le 11 novembre par le Conseil municipal.

M. le Maire répond que les choses sont toujours

dans le même état; que les malades sont toujours aussi peu nombreux, la maison toujours inachevée, l'opposition à l'administration locale toujours aussi vive, les statuts toujours violés et que l'administration préfectorale elle-même n'a pu obtenir, malgré les demandes réitérées de M. le Sous-Préfet, la liste des bienfaiteurs de l'établissement qui, d'après l'article 20 des statuts, devraient être inscrits sur un registre ou diplôme dressé à cet effet.

Plusieurs membres observent que l'administration préfectorale devrait tenir la main à ce que le comité de l'Asile se conforme aux statuts, puisque M. le Maire n'est revêtu d'aucun pouvoir pour faire quelque chose dans ce sens.

M. le Maire dit que tout dernièrement, il y a eu réunion du comité de l'asile et qu'au cours de la séance, Mme Sainte-Antoine a demandé à être autorisée à distribuer de la graisse aux pauvres *« parce que celle que le Bureau de bienfaisance distribuait, était mauvaise et en quantité insuffisante et qu'elle savait que des pauvres, ne pouvant la manger, l'avaient vendue pour graisser des roues et faisaient leur soupe avec du sel. »* M. le Maire eut beau protester que l'asile n'avait pas de ressources pour assurer la distribution de la graisse aux pauvres; qu'une double distributiou ferait double et inutile emploi; que la graisse du Bureau de bienfaisance était de bonne qualité; qu'il s'engageait, au nom du Bureau de bienfaisance, à en fournir en quantité suffisante aux pauvres qui lui seraient signalés comme non assez secourus; la Religieuse refusa de citer un seul nom et fut autorisée à distribuer de la graisse.

Cet essai de distribution intermittente, qui à présent fera double et inutile emploi, rendra l'action du Bureau de bienfaisance difficile et jettera le trouble dans les distributions, ce qui est peut-être le but visé.

M. le Maire étant entré dans les détails de cette séance regrettable, M. Leroy, l'un des membres du comité de l'asile assistant à la présente réunion, interpellé, répond que le rapport que M. le Maire vient de faire au Conseil est d'une entière exactitude.

Nouvelles découvertes.

Le procès verbal de la séance du conseil, du 3 février 1884, continue ainsi :

A cette occasion, M. le Maire donne lecture d'une lettre de M. le Sous-Préfet, en date du 16 novembre 1883, dont suit la teneur.

« Monsieur le Maire,

« En jetant attentivement les yeux sur la fin du « procès-verbal d'enquête qui a été dressé dans « votre commune, le 4 septembre 1876, à propos « de la demande en déclaration d'utilité publique « de l'asile dit Saint-Joseph, j'ai cru remarquer « certaines singularités dont je crois devoir vous « faire part.

« En effet, le dit procès-verbal forme un cahier « de quatre pages en deux feuilles dont la dernière « feuille sert d'un côté de couverture et l'autre « côté contient la dernière page écrite (la 8e et « dernière) du dit procès-verbal.

« Mais les deux derniers feuillets, c'est-à-dire ce « qui eût dû être la 8e et 9e pages, étaient com« plètement collés ensemble ; je les ai fait décoller « et alors j'ai constaté que le verso de la 7e page « contenait la suite primitive du procès-verbal, que « l'on a remplacé, je ne sais pourquoi, par la 8e « page actuelle que vous connaissez. Je vous envoie « copie de cette variante étrange et vous y verrez « des contradictions qui avaient, sans doute, déplu à « certains intéressés et dont on a obtenu ensuite la « disparition, grâce, sans doute, à la complaisance « exagérée du commissaire enquêteur : celui-ci, en « effet, ou d'autres, ont non seulement passé un « trait sur toutes les lignes écrites de cette page « 8, mais encore se sont efforcés de brouiller les « phrases les plus importantes et de simuler des « caractères qui devaient empêcher, — ils le

« croyaient du moins. — de retrouver les mots et
« les expressions primitivement écrites. Ainsi, par
« exemple, M. le commissaire enquêteur avouait
« que « *l'enquête a passé presque inaperçue par*
« *une partie des habitants de Sourdeval* » de
« même, plus loin, il ajoutait : « *Nous pensons*
« *qu'avant de déclarer l'utilité publique, il con-*
« *viendrait de réclamer du Conseil d'adminis-*
« *tration quelques pièces justificatives, etc.*

« Ces phrases importantes, puisqu'elles étaient en
« contradiction complète avec les conclusions que le
« commissaire enquêteur a ultérieurement données,
« auraient été l'objet des manœuvres signalées plus
« haut.

« Je serais heureux, monsieur le Maire, que vous
« puissiez vous procurer, auprès du commissaire
« enquêteur, s'il existe encore, les renseignements
« utiles pour expliquer les singulières manœuvres
« que je livre à votre appréciation.

« Recevez, monsieur le Maire, l'assurance de ma
« considération la plus distinguée.

« Le Sous-Préfet,

« *Signé* : POISSON. »

Plusieurs membres du Conseil observent, qu'en présence de pareils faits, le Conseil d'État n'hésitera pas à donner un avis favorable pour que M. le Président de la République rapporte le décret du 20 avril 1877

M. le Maire répond qu'il est toujours difficile de faire rapporter un décret, mais, que si les trois enfants de Sourdeval (1), qui sont membres du Comité de l'Asile, voulaient s'y prêter, l'Asile reviendrait facilement à la commune.

M. le Maire donne lecture du rapport primitif et du rapport définitif de M. le commissaire enquêteur, en date du 15 septembre 1876, dont les conclusions, tout à fait différentes, sont conçues dans les termes suivants :

---

1. MM. Heurtaut, Bazin (Arm.) et Leroy, qui peuvent agir en vertu du 3e § de l'art. 9 des statuts.

« Il semblerait, en considérant le petit nombre « de personnes qui sont venues poser des déclarations sur le procès-verbal d'enquête, que les habitants de Sourdeval sont indifférents pour l'établissement qui en a fait l'objet. Il n'en est « cependant pas ainsi :

Texte primitif.

« Il n'en est cependant pas ainsi, mais, « malgré la publicité « donnée à l'ouverture « de l'enquête, conformément aux prescriptions de l'article 2, « § 2, de l'arrêté de « M. le Sous-Préfet, « *cette enquête a passé* « *presque inaperçue* « *pour une partie des* « ***habitants***.

Texte définitif.

Il n'en est cependant pas ainsi, *car nous savons que les habitants de la localité ont été heureux d'apprendre que l'établissement fondé par la sœur Saint-Antoine allait devenir* A TOUT JAMAIS *la propriété des pauvres de la commune de Sourdeval.*

On n'a pas cru devoir se préoccuper du mode d'administration de l'établissement ; il a suffi, pour le public, qu'il devînt définitivement la propriété des pauvres de Sourdeval, et que l'administration en fût confiée à des personnes honorables.

D'ailleurs, l'enquête a été *publiée par affiches depuis le 25 août, c'est-à-dire pendant quinze jours, au lieu de huit, et elle a été annoncée à son de caisse aux deux dimanches qui l'ont précédée.*

« Cependant, *nous* « *pensons, qu'avant* « *de déclarer l'utilité* « *publique, il convien-* « *drait de réclamer* du « Conseil d'administra- « tion quelques pièces « justificatives à l'ap- « pui du budget, de « manière à établir « surtout la preuve « que l'établissement » est en mesure de « subsister par lui- « même, sans les sub- « ventions qui peuvent « lui être allouées, soit « par le Conseil muni- « cipal, soit par le Bu- « reau de bienfaisance « de Sourdeval.

« Nous pensons en- « core qu'il y aurait « lieu d'apporter quel- « ques légères modifi- « cations aux statuts, « notamment en ce qui « concerne les articles « 6 et 9. A l'article 6, « on pourrait ajouter ce « qui suit : « Si le « membre qu'il s'agi- « rait de remplacer « était un dignitaire, le « Conseil, après avoir « pourvu à son rempla- « cement comme mem- « bre, procéderait, sé- « ance tenante, etc. »

Nous émettons *per-sonnellement les vœux que l'Asile Saint-Joseph soit déclaré au plus tôt d'utilité pu-blique*, car, pendant que cet établissement demeurera dans la situation actuelle, il sera privé des ressources qui lui seraient dès maintenant acquises, si l'utilité publique était déclarée.

M. le maire ajoute que suivant les instructions de

M. le sous-préfet, il a vu M. le commissaire-enquêteur; que ce dernier a reconnu avoir fait ces deux rapports, et le regretter.

M. le maire rappelle que les rapports de l'évêque et du préfet, à la suite desquels fut rendu le décret du 20 avril 1877, insistent beaucoup sur l'importance des déclarations du commissaire-enquêteur et des soi-disant notables de Sourdeval, et il fait remarquer que ces déclarations, conçues en termes identiques, faites sous la même influence, n'ont pas la valeur qui leur fut donnée.

Revendication du 3 février 1884.

En présence de cette situation, un membre (M. Le Maignen) propose au Conseil de prendre la délibération suivante :

Le Conseil,

Se référant à sa délibération du 11 novembre dernier et confirmant les motifs déjà produits ;

Considérant que l'Asile de Saint-Joseph a été fondé à Sourdeval, au moyen de dons, quêtes, loteries, souscriptions, etc., faits, pour la presque totalité, par les habitants de la commune, le budget municipal et le bureau de bienfaisance ;

Considérant qu'il est désormais prouvé que l'intention des donateurs à titre privé ou officiel, n'a jamais varié ; que cette intention unanimement reconnue, avouée publiquement et par écrit, aussi bien par la sœur Saint-Antoine jusqu'en 1876, que par ses supérieurs, l'évêque de Coutances et la communauté du Sacré-Cœur, était « de fonder pour recevoir les vieillards pauvres, les malades et les infirmes de la commune, un *Etablissement public* qui sera le refuge et l'asile des vieillards de la commune de Sourdeval. »

Considérant qu'en faisant librement ces promesses, soit aux Conseils élus, soit aux habitants de Sourdeval, qui lui versaient leur souscription, la sœur Saint-Antoine a, par cela même, contracté des engagements formels, reçu les dons comme déposés, avec un but déterminé ; qu'en un mot, elle a agi comme *negotiorum gestor*, comme agent d'affaires, comme prête-nom du Conseil municipal et du bureau de bienfaisance: elle a rempli un mandat dont elle doit compte à la commune qui le lui avait confié ;

Considérant qu'au moment même où la sœur Saint-Antoine a acquis le terrain sur lequel a été bâti l'Asile « *que M. le maire, dans sa grande charité, avait eu la pensée d'ériger* » (Brochure du Conseil p. 21), elle n'a dirigé le travail qu'après un accord préalable avec le maire et la commission de charité, afin seulement d'éviter les formalités administratives ; que ces prétextes d'éviter les formalités administratives : le concours d'une commission, l'approbation du préfet, etc., qui est reproduit le 11 novembre 1875 (Br. p. 49) ; que cette façon d'agir avait peut être déjà, en 1866, pour but de surprendre la bonne foi du Conseil municipal ; que la sœur Saint-Antoine ne pourrait prétendre qu'en dehors des 46.200 fr. de dépenses qu'elle accusait le 13 novembre 1869, d'autres fonds lui auraient été fournis par des étrangers ou par des personnes ayant indiqué d'autres intentions que celles annoncées le 3 juillet 1866 à la commission de charité et confirmées publiquement le 13 novembre 1869 au Conseil municipal ; qu'en effet la sœur Saint-Antoine n'aurait pas eu le droit d'engager la commune au-delà ou en dehors des intentions du Conseil municipal, du bureau de bienfaisance, de la commission de charité et des donateurs primitifs ;

Considérant que si, plus tard, la sœur Saint-Antoine a voulu enlever à la commune la propriété de l'Asile, il s'est produit alors des faits inqualifiables ; que, d'après le rapport de M. le sous-préfet de Mortain, dressé le 6 novembre 1876, M. le Préfet d'alors n'avait pas voulu examiner les conditions d'existence de l'Etablissement, ni les projets de statuts avant d'ouvrir l'enquête ; que le rapport précité contient des déclarations contradictoires qui démontrent jusqu'à quel point Mme Saint-Antoine et ses inspirateurs voulant à tout prix enlever à la Commune la propriété de l'Asile, s'efforçaient de régler l'affaire sans suivre les formalités ordinaires.

Considérant que l'Enquête destinée à éclairer l'autorité supérieure sur les intentions des habitants, a été effectuée avec la volonté manifeste d'éviter les dépositions gênantes pour le but poursuivi par Mme Saint-Antoine ; que le 4 septembre 1876, deux heures seulement avant la clôture, un habitant aperçut, par hasard, une toute petite affiche annonçant ladite Enquête, dont personne jusqu'alors n'avait entendu parler ; il s'empressa de prévenir quelques-uns de ses concitoyens et aussitôt tous ceux qui eurent le temps d'être prévenus rédigèrent les protestations que l'on peut retrouver au procès-verbal ;

Considérant que le rapport du Commissaire-Enquêteur émanant d'abord de son initiative privée, a, par suite d'une manœuvre jusqu'ici inexpliquée, et résultant évidemment de sollicitations intéressées, été tronqué et terminé avec d'autres conclusions que celles primitivement adoptées par lui ; qu'en effet, le premier rapport projeté par le Commissaire-Enquêteur et qui a été caché à l'Administration, avouait que l'Enquête avait passé presque inaperçue ; constatait en même temps l'unanimité avec laquelle les personnes tardivement prévenues, tout en adoptant la déclaration d'utilité publique, réclamaient l'Etablissement comme une propriété communale, et réclamaient quelques changements aux statuts en ce qui concerne la nomination du Conseil d'Administration de l'Asile ; que ledit Rapport concluait encore à réclamer du Conseil de l'Asile quelques pièces justificatives à l'appui du Budget, de manière à établir surtout que *l'Etablissement était en mesure de subsister par lui-même sans les subventions étrangères* ;

Considérant que l'indifférence prétendue de la part des habitants de Sourdeval, alléguée dans le Rapport définitif du Commissaire, ne provenait que des manœuvres par lesquelles l'enquête était restée ignorée du public ; mais que l'honorabilité des personnes notables qui purent néanmoins déposer, disait assez qu'avec elles, l'immense majorité des habitants protestait contre la spoliation projetée contre la Commune;

Considérant que les contradictions flagrantes constatées, dans le Rapport primitif et le Rapport définitif du Commissaire, par la lettre de M. le Sous-Préfet de Mortain en date du 16 novembre 1883, sont la meilleure preuve des agissements qui ont eu lieu pour tromper l'Administration; que les conclusions effacées et disparues dans le second Rapport, étaient d'autant plus explicables que les faits actuels prouvent qu'elles auraient montré sous leur véritable jour la situation de l'Asile;

Considérant, en effet, — la preuve en est acquise, — *que l'Asile n'a aucune ressource réelle, permanente, ni déterminée ; que tous les Revenus visés par les Statuts sont fictifs ou éventuels*; qu'il ne peut guère compter que sur des secours étrangers, insignifiants et précaires comme les pensions Maubert, Lechaptois, soldées par l'Evêque ; *que les Dames patronnesses ont refusé le Concours* de leurs démarches à l'Etablissement et que leur Comité s'est dissous ; que le produit de troncs, quêtes, loteries, dons manuels etc. est nul ; que par suite de l'attitude prise par la sœur Saint-Antoine et ses inspirateurs, l'Asile n'a encore jamais reçu de Legs ou dons particuliers; qu'il ne participe point aux secours et subventions de l'Etat, du Département ni de la Commune, et que celle-ci a conservé la Rente Bichain que le Bureau de Bienfaisance a tenu à séparer des œuvres charitables de l'Asile ;

Considérant en outre que, dans le dossier soumis au Conseil d'État, il a été retrouvé plusieurs notes et mémoires dont les allégations volontairement erronées, tant au point de vue des faits que des personnes dont il est parlé, ne peuvent être établies ni justifiées; qu'ainsi la dame Saint-Antoine, dont émanaient les pièces sus-visées, insinuait que l'établissement est sa propriété personnelle et qu'à ce titre elle demande la personnalité civile; que cependant le Conseil municipal a constamment protesté contre une pareille spoliation; que les dites pièces subrepticement insérées au dossier n'ont jamais été communiquées au Conseil municipal, qui n'a pu rétablir la vérité;

Considérant d'autre part, que le Conseil d'administration de l'asile n'observe pas les réglements et statuts pour lesquels l'utilité publique a été déclarée ; que le Conseil d'administration actuel est anti-réglementaire aussi bien en ce qui concerne la présence même que le mode de nomination de plusieurs de ses membres ; que plusieurs des prescriptions statutaires n'ont jamais été observées ; que les noms des bienfaiteurs et des donateurs sont restés inconnus ; que la situation financière de l'asile est ignorée du Conseil municipal ; que dans toutes les réunions du Conseil d'administration M. le Maire de Sourdeval a pu constater la volonté arrêtée et du reste avouée, de manifester des sentiments de défiance et de véritable animosité contre les représentants élus de Sourdeval (*paroles de M. l'abbé Ameline*).

Considérant que l'organisation actuelle de l'asile permet à peine d'y soigner 8 à 10 malades pauvres et à peu près autant de malades ou vieillards pour la plus grande partie étrangers à la commune, payant pension et que les murs sont restés inachevés et les appartements en grande partie inhabitables ; qu'en comparaison des sacrifices faits par les habitants de la commune, il y a là une situation dérisoire à laquelle il est grand temps de mettre fin ; que dès lors il est urgent de faire trancher la question de propriété du vivant même de la sœur Saint-Antoine ;

Considérant qu'en réclamant le retour à la commune d'une propriété fondée avec les ressources communales, dans un intérêt communal, le Conseil municipal, sans se préoccuper des insinuations perfides que des étrangers à la commune et au bien public, voudraient lancer contre lui, ne peut avoir et n'a qu'un but : rendre aux pauvres de Sourdeval un asile, un refuge, un établissement de charité qui leur appartient.

Par ces motifs et tous autres invoqués dans la délibération du Conseil municipal du 11 novembre 1883 figurant au Recueil imprimé.

Le Conseil, à l'unanimité des Membres présents, moins une abstention (M. Leroy, membre du Comité de l'asile), décide de réclamer de nouveau :

1° La modification des statuts de l'établissement

dans les termes fixés par le Conseil dans sa délibération du 11 novembre 1883 ;

2° La propriété pour la commune ou le bureau de bienfaisance ;

Prie l'administration et le gouvernement de faire cesser le plus tôt possible cet état des choses des plus regrettables, en rapportant un décret qui repose sur des bases fausses; charge M. le maire de faire les diligences nécessaires.

Elections municipales de mai 1884

Le récit qui précède indique assez que la population de Sourdeval était très agitée au sujet de l'asile : une bonne partie était affamée de paix et de concorde et voyait avec douleur la division causée par le manquement à la parole donnée.

Ce fut donc, au mois de mai 1884, comme en janvier 1881, sur la question de l'asile que se firent les élections municipales.

La lutte fut encore plus ardente qu'en 1881 : le parti opposé à la municipalité se porta à des audaces de langage qui affectèrent péniblement la population de Sourdeval : des accusations, des insinuations perfides furent lancées comme venant d'ouvriers de la vallée, qui étaient bien innocents de ces turpitudes et dont on eût été bien embarrassé de citer les noms.

Ces calomnies resteront marquées au front de leurs auteurs !

Mais la sage et juste population de Sourdeval jugea les hommes comme ils le méritaient et se prononça encore une fois, de la manière la plus nette, pour la municipalité et pour les conseillers qui soutenaient les droits de la Commune.

Dix-sept des conseillers avaient, par circulaire

imprimée, protesté contre l'inscription de leurs noms sur toute liste qui ne comprendrait pas tous les conseillers voulant le retour de l'hospice à la Commune.

« Electeurs, disaient-ils, vous nous avez chargés de reconquérir notre hospice : Comptez sur nous».

Les électeurs les renommèrent tous ! Ils leur adjoignirent deux nouveaux collègues qui se présentaient avec eux et avec le même programme.

Quatre noms seulement de la liste opposée obtinrent la majorité : c'étaient MM. Heurtaut, Armand Bazin, Leroy, membres de l'asile, et M. Victor Clouard.

Insultes et outrages.

Les calomnies et les injures lancées par le journal, organe de l'asile, s'adressaient à tous les partisans de la municipalité, qu'on appelait *labichiens*.

Personne ne jugea bon d'y répondre.

Ces attaques anonymes et lâches ne seront pas relevées ici : nous ne retirerons de ce fumier que deux perles que nous exposerons sous les yeux du lecteur, pour qu'elles restent comme exemple : ce sont deux citations d'une brochure, que du moins l'un des opposants eut le courage, triste, hélas ! mais enfin le courage de signer.

Un monsieur fort jaloux

Première perle :

« Ce qui est scandaleux, c'est de voir un homme qui n'était rien hier, *tout comme moi*, mettre aujourd'hui si peu de bornes à ses désirs !

Le signataire dit qu'il n'était rien : or, il était conseiller municipal, fabricien, président du Bureau des marguilliers, administrateur et trésorier de l'asile, ex-membre du Bureau de Bienfaisance, ex-membre de la commission de surveillance des enfants employés dans les manufactures......

N'est-ce *rien* tout cela ? Que voudrait-il pour être quelque chose ? *Quelles bornes met-il donc, lui, à ses désirs* ?

M. Labiche aurait eu beaucoup de peine à entrer au Conseil

Deuxième perle :

« M. J. Labiche a donc oublié que M. Lorier, père, maire de Sourdeval, *dut* le présenter à son retour du Mexique aux électeurs qui ne s'en souciaient guère et eut beaucoup de peine à le faire agréer conseiller municipal. »

Il y a 25 ans que M. Labiche est conseiller municipal.

C'était en 1860, au mois d'août : il était dans les Pyrénées, à Bagnères de Luchon, où il avait conduit le bon curé M. Viel, dont la santé était délabrée et qu'il eut la consolation de voir se rétablir ; grâce à ce voyage, en effet, et au traitement des eaux de Bagnères, M. Viel vécut encore six ans pour le bonheur de Sourdeval.

Or, à Bagnères, un jour, à déjeûner :

— « Jules, j'ai reçu ce matin une lettre de Sourdeval, » dit M. Viel :

— « Qu'est-ce qu'il y a de nouveau ? »

— « Il y a que l'on vous a nommé conseiller municipal. »

— « Quelle idée ! je ne sais encore si je me fixerai à Sourdeval ; je ne dois pas accepter. »

— « Mais, mon cher Jules, c'est sans doute pour vous engager à vous fixer au milieu de nous, que l'on vous a mis dans le conseil. »

Le lecteur a vu, à la page 57 de ce Recueil, que (sur environ 700 votants) M. Labiche avait été élu, au premier tour de scrutin, le 19e, par 456 suffrages, immédiatement après M. Lorier qui en avait obtenu 485, seulement 29 voix de plus que lui.

Voilà comment M. Lorier *dut* présenter M. Labiche !

Voilà comment M. Lorier eut beaucoup de peine à le faire agréer !

Voilà comment les électeurs ne se souciaient guère de M. Labiche !

Or, comment est entré au Conseil celui qui critique ainsi les autres ?

Après de longs efforts et des échecs successifs, le pamphlétaire finit par entrer au Cons il, le 14 août 1870, au second tour de scrutin. Il n'avait pas pu obtenir au premier tour, le 7 août, les 327 voix qui formaient la majorité absolue.

M. Labiche obtenait ce jour-là (page 59) 603 voix sur 659 votants !

La paille dans l'œil du voisin, la poutre dans le sien !

Résolution du nouveau conseil.

Après les élections des 4 et 11 mai 1884, dès la première séance (1), le 18 mai, à la suite de l'installation

1. *Présents* : MM. Lenicolais, Bigot, Almin, Mogis, Dufay Nestor, Lebrun, Tostain, Alix, Clouard, Pierre,

du nouveau conseil et de la nomination du maire et des adjoints, « le maire », dit le procès verbal, « expose au Conseil qu'il est urgent que la question de l'asile soit traitée dès la première réunion et que cette *nouvelle assemblée* indique clairement le but que l'administration municipale devra poursuivre sur ce sujet. Les élections ont été très agitées : des bruits malveillants ont été répandus dans la population, tels que désaffectation de l'asile pour en faire tantôt une caserne, tantôt une maison d'école, etc. Il faut que la vérité soit rétablie : jamais il n'a été question, dans cette assemblée, de changer la destination de l'asile créé pour les pauvres ; cette pensée n'est venue à personne et ceux qui ont pu répandre ces bruits, dans un intérêt électoral, ne le croient pas eux-mêmes.

M. le maire ajoute que cet établissement, dans les conditions où il existe actuellement, ne rend pas les services qu'on pouvait en attendre. Il reçoit gratuitement très peu de pauvres de la commune, ne reçoit point et ne peut admettre gratuitement un étranger qui tombe dans la rue, d'autant plus que ses statuts s'y opposent.

M. Heurtaut réplique que l'asile peut recevoir gratuitement des étrangers.

M. le maire lit les statuts et constate le contraire. Ensuite il continue son exposé :

L'établissement a été créé par la commune . il doit lui appartenir. Le mobilier est également sa propriété, car c'est le mobilier du premier asile qui garnit l'établissement actuel, en grande partie. Cet établissement ne s'achève pas et n'est pas propre intérieurement : ses grandes salles restent vides et il ne reçoit point de donations.

Le conseil précédent s'est ému de la situation et il a voté 250 fr. pour avoir une chambre et y mettre el

---

Laurent, Liot, Esnault, Labiche, Heurtaut, Jeanne, Bazin Armand, Leroy, Clouard Victor, Le Maignen, Guytard, Levallois, Montécot. — *Absent* : M. Mauduit. *Secrétaire* : M. Le Maignen.

faire soigner les malheureux qui ont besoin de secours urgents, notamment les étrangers, puisque la municipalité n'a pas le droit de les faire entrer à l'asile.

La population, en présence d'un tel état de choses, parle de créer un autre établissement de ce genre qui soit communal. Déjà une personne est venue trouver le maire et offrir dans ce but une somme de 1200 fr., et une rente, pendant sa vie, de 40 fr. par an. D'autres sont dans la même intention.

Il importe que le nouveau conseil décide ce qu'il entend faire.

Plusieurs membres disent que l'asile actuel doit faire retour à la commune pour qui il a été créé et qu'il faut que cette question soit tranchée définitivement.

M. le maire propose au Conseil de voter sur les conclusions de la délibération du 11 novembre 1883.

M. Bazin (1) dit que la convocation n'est faite que pour l'élection du maire et des adjoints et que le Conseil ne peut délibérer sur toute autre question.

M. le maire lit la lettre de convocation portant que la session ordinaire du mois de mai est ouverte aujourd'hui ; par conséquent le Conseil peut délibérer sur toute question qui lui sera soumise.

M. le maire annonce qu'il va mettre aux voix l'article 1er des modifications proposées par la délibération du 11 novembre.

M. Heurtaut (1) demande si, pour le cas de la modification des statuts proposée, le Bureau de Bienfaisance donnera du pain aux pauvres qui seront ainsi admis à l'asile.

M. le maire dit que le Conseil n'a pas à traiter cette question ; s'il ne donne pas de pain à l'asile aujourd'hui, il a raison ; il doit pouvoir oontrôler la distribution des secours qu'il donne et il ne pourrait le faire à l'Asile puisqu'il n'y est point représenté.

M. le maire ajoute qu'il regrette l'état de choses qui existe au sujet de l'asile dont l'administration est cause de grandes divisions dans la population, comme on vient de le voir par les élections.

---

(1) Membre du Comité.

M. Heurtant réplique qu'il ne veut point qu'il soit fait ici de questions personnelles ; qu'il était souffrant au moment des élections et que son nom n'eût pas dû être cité dans les circulaires qui ont été distribuées, d'autant plus qu'il est favorable, plus que tout autre, à la solution de la question de l'Asile.

M. Le Maignen répond que la circulaire qui a été distribuée contre la candidature de MM. Heurtaut, Bazin et Leroy, ne blâme nullement leurs actes ; elle signale leurs votes sur la question de l'Asile et elle ne fait que dire la vérité, mais sans insultes pour personne, tandis que les adversaires n'ont pas été aussi réservés à l'égard de quelques membres de cette assemblée. Il reconnait que M. Heurtaut a parlé à plusieurs reprises d'une entente pour faire cesser le conflit qui existe, mais qu'il n'a jamais fait de proposition sur laquelle le Conseil pût discuter. Il ajoute que M. le curé lui-même a reconnu, en sa présence, la nécessité de la modification des statuts de l'Asile ; qu'il a accepté un projet verbal et promis de le soumettre à l'Evêque pour le faire accepter par le Comité de cet Etablissement avant les élections, en disant qu'il n'avait pas assez d'autorité pour le faire accepter directement à l'Asile et surtout par Mme Saint-Antoine.

Promesse sans solution.

Dans ces conditions, il croit que le Conseil doit poursuivre attentivement la solution de cette question qui intéresse au plus haut point la commune de Sourdeval.

M. Bazin dit que l'Etablissement a été fondé pour les pauvres ; que l'Asile ne refusera pas un malheureux, même étranger, autant qu'il aura des ressources. D'après lui, ses statuts en garantissent la propriété pour les pauvres. Aussi s'oppose-t-il à la modification des statuts.

M. le maire met aux voix le premier article ainsi conçu : *L'Etablissement pourra recevoir gratuitement et temporairement les étrangers blessés ou tombés malades accidentellement à leur passage à Sourdeval.*

A la majorité de 19 voix contre 2 (MM. Bazin et Leroy) et une abstention (M. Clouard) le Conseil approuve la modification proposée.

Deuxième article. — M. le maire dit qu'il va mettre aux voix le deuxième article ainsi conçu : *Le Conseil d'administration de l'Asile Saint-Joseph est composé de neuf membres savoir : deux membres de droit, le maire et le curé doyen de Sourdeval ; la sœur directrice nommée par la supérieure de sa communauté ; six membres élus, ayant au moins cinq ans de domicile à Sourdeval, qui seront nommés trois par le conseil municipal et trois par le bureau de bienfaisance.*

Les six membres élus seront, autant que possible, choisis en dehors des assemblées qui les auront désignés, pour intéresser un plus grand nombre de personnes à la Bienfaisance publique et aux affaires communales.

Il donne au Conseil les explications nécessaires pour l'édifier sur la portée du vote qu'il va émettre.

M. Heurtaut dit qu'il a une proposition à faire qui est celle-ci : Fusionner le bureau de bienfaisance et l'Asile, n'en faire qu'une seule administration ; réunir toutes les ressources des deux établissements pour en faire une distribution unique. Il demande à examiner cette question et à la soumettre, à l'avance, au Comité de l'Asile. Il observe qu'il ne faudrait pas s'occuper de la question de propriété, pour ne pas éveiller les susceptibilités de Mme Saint-Antoine. En conséquence il demande l'ajournement du vote sur la modification proposée par la délibération du 11 novembre (art. 2).

M. le maire dit qu'il réclame la paternité de cette proposition faite depuis longtemps, mais il craint qu'elle n'aboutisse pas davantage. Il voit avec plaisir M. Heurtaut traiter aujourd'hui la question dans ce sens, et la plupart des membres de cette assemblée, sinon tous, le voient avec le même plaisir. Le projet, s'il était accepté, permettrait à la charité de faire beaucoup plus de bien dans Sourdeval. Il prie M. Heurtaut de déposer, le plus tôt possible, son projet accepté par l'asile ; le Conseil, sans nul doute, lui fera le meilleur accueil.

Cependant la solution de cette question étant urgente, il est d'avis qu'il ne faut pas l'ajourner. En conséquence, il va soumettre au vote le deuxième article des modifications proposées.

M. Heurtaut demande la priorité pour sa proposition d'ajournement.

M. le maire met aux voix la proposition d'ajournement.

A la majorité de 18 voix contre 4 (MM. Heurtaut, Bazin, Leroy et Clouard), la proposition d'ajournement est repoussée.

Ensuite M. le maire met aux voix le deuxième article.

A la majorité de 18 voix contre 3 (MM. Heurtaut, Bazin et Leroy) et une abstention (M. Clouard), le Conseil approuve.

Il n'est pas procédé au vote sur le troisième article qui n'a pas d'intérêt.

Sur le cinquième article (Rente Bichain), ainsi conçu:

« Le Conseil confiera à l'Asile la rente Bichain de fr. 249. » M. le maire explique comment le Conseil a tranché la question et retiré à l'Asile cette rente destinée aux pauvres.

M. Bazin prétend que cette rente destinée pour soigner les malades à domicile, a été enlevée à tort à l'Asile et qu'elle reviendra à cet établissement.

Cet article 5 ne faisant pas question, il n'y a pas eu lieu de le soumettre aux voix.

Legs de M. l'abbé Bazin.

Les influences qui s'opposaient aux testaments en faveur du Bureau de Bienfaisance, ne réussissaient pas à en obtenir en faveur de l'asile et les assurances données lors de la demande de déclaration d'utilité publique, ne se réalisaient pas.

Le premier testament en faveur de l'asile est celui de M. l'abbé Bazin, frère du trésorier du comité, qui, frappé d'apoplexie à l'asile, dans l'après midi du 12 décembre 1884, fut porté chez lui et y mourut quelques heures après.

Son testament, de forme mystique, daté de Sourdeval le 13 octobre 1881, institue son frère et sa sœur ses héritiers : un codicille, en date de Lille 2 Mai 1884, porte ce qui suit :..... « *la somme d'argent qui m'est due par ma sœur Maria et qui ne me reviendra qu'après sa mort, appartiendra à l'asile Saint-Joseph de Sourdeval.* »

Le 3 février 1885, M. le curé Poullain donna communication de ce testament à l'asile.

« Par ce testament, dit le procès verbal, M. l'abbé Bazin donne, en toute propriété, à l'asile Saint-Joseph la somme de 16.000 fr. que M. Armand Bazin, l'un des assistants au conseil, a déclaré, au nom de Melle Maria Bazin, sa sœur, être due par elle, mais ne sera exigible, sans intérêts, qu'au décès de celle-ci. »

Melle Maria Bazin est âgée d'environ 50 ans.

L'Élection municipale du 2 août 1885.

Aux élections de mai 1884, les électeurs avaient envoyé au conseil ceux de nos concitoyens qui avaient pris envers eux l'engagement de travailler à rendre notre asile à la commune.

Le 2 août 1884, l'élection municipale ne portait que sur trois conseillers ; MM. Bazin Victor, Boulanger et Pallix se présentèrent comme candidats :

« Notre profession de foi, disaient-ils, dans leur circulaire du 28 juillet, se bornera à vous donner l'assurance que, si vous nous faites l'honneur de nous envoyer siéger au conseil municipal, nous ferons tous nos efforts pour que notre asile revienne à la commune et soit administré, non par des étrangers, mais par ceux de nos concitoyens que désigneront le bureau de Bienfaisance ou le conseil municipal. »

Aucun autre candidat n'apparaissait, en présence de ces trois honorables concitoyens.

Un journal, organe des adeptes de l'asile, avait bien, en combattant M. Victor Bazin et ses amis, assuré qu'il présenterait des candidats plus capables, connaissant mieux les affaires de la commune, de plus dignes citoyens : mais jusqu'à la veille de l'élection, aucune candidature nouvelle ne s'était produite, et on ne s'apercevait pas de certaines démarches qui n'ont été révélées qu'après l'élection.

Quelques-uns citaient bien un nom, l'ancien secrétaire de la mairie : mais, quoique non visé par la loi qui exclut les serviteurs attachés à la personne, aurait-il, étant l'employé d'un conseiller et siégeant à côté de lui, toute l'apparence d'indépendance nécessaire chez un conseiller municipal ?

Le samedi 1er août, à 7 heures du matin, malgré les assurances données par le journal en question, on croyait encore qu'il n'y aurait qu'une liste.

Mais, à cette heure, une troupe d'agents sortit de deux maisons amies du Comité de l'asile et ils se répandirent de toutes parts pour afficher et distribuer une proclamation anonyme relative à trois nouveaux candidats pour l'élection du lendemain.

Cette affiche se bornait à les présenter, comme honorables, intelligents et dévoués, surtout l'un d'eux connaissant les affaires de la commune.

C'était la mise en œuvre des promesses du journal.

Le lendemain, jour de l'élection, de grand matin, une seconde affiche, répandue à profusion, portait en gros caractères :

« Électeurs, voici le moment d'aller au scrutin : votons tous avec ensemble pour

MM. Geffroy, Martin, Ledru.

Ces trois hommes sont dignes de nos suffrages. Ils nous offrent toutes les garanties désirables d'honorabilité, de sagesse et de dévouement.

Les hommes de la valeur de M. Geffroy sont rares dans un conseil municipal !

Demain vous serez fiers d'avoir voté pour lui.

Sourdeval, 2 août 1885. Un groupe d'électeurs.

Pas un mot de l'asile ni d'un programme quelconque !

Les électeurs nommèrent M. Geffroy, candidat sans programme, et MM. Bazin Victor et Pallix qui avaient promis de revendiquer l'asile.

Le sentiment de la population n'avait donc point varié.

Nouveaux refus d'entrer au Comité.

Le vendredi 2 octobre 1885, le comité de l'asile était convoqué. Se présentèrent à la séance Mme Saint-Antoine, directrice, M. Leroy, conseiller municipal et M. Labiche maire, membres du comité ; puis MM. Heurtaut, Bazin Armand, Meslay et l'abbé Béchet.

M. Heurtaut prit la présidence.

Il dit qu'il allait retarder l'ouverture de la séance pour attendre MM. Lenicolais et Tardif, renommés à l'asile, *et qui allaient probablement venir*.

M. Lenicolais avait cependant écrit, le 13 juillet 1885, à M. Heurtaut, en réponse à son avis de nomination du 11 (*), ce qui suit :

(*) La nomination est du 21 novembre 1884 : il a dû

« Déjà le conseil d'administration de notre asile « Saint-Joseph m'a fait l'honneur de me nommer deux « fois membre de votre conseil · j'ai répondu par deux « lettres motivées (1) que j'ai l'honneur de vous con- « firmer. Nos positions respectives étant malheureu- « sement restées les mêmes, mes résolutions n'ont pu « changer. »

M. Lenicolais avait, en outre, quelques jours seulement avant la séance, le 19 septembre, écrit à M. l'abbé Béchet ce qui suit :

« Je réponds à votre honorée lettre de ce jour en « vous disant : vous connaissez ma lettre à M. le Curé « de Sourdeval et à M. Heurtaut : mes sentiments « n'ont pas changé et ne peuvent pas changer. »

M. le Maire déclara à M. Heurtaut qu'il connaissait ces lettres et les refus de M. Tardif, et il engagea M. Heurtaut à ne pas attendre ces messieurs *qui n'allaient pas venir* et qui en effet ne vinrent pas.

Quelques jours après, M. Tardif ,étonné d'apprendre cette scène, confirma les refus précédemment opposés par lui à M. le Curé Poullain et à Mme Saint-Antoine ; il adressa sa lettre à M. Heurtaut et il en retira un reçu de la poste.

Deuxième renouvellement du Comité.

A cette séance du 2 octobre 1885, le bureau de bienfaisance n'était donc pas représenté.

M. le maire demanda en vertu de quels droits siégeaient :

---

y avoir des réunions en janvier, en avril et le 9 juin 1885 : on ne jugea pas utile d'en informer M. Lenicolais avant le 11 juillet 1885.

(1) Voyez page 157.

MM. Heurtaut et Bazin, dont les pouvoirs étaient périmés depuis mai 1884;

M. Meslay qui était sorti du bureau de bienfaisance depuis le 31 décembre 1879, dont les pouvoirs n'avaient pu, en tout cas, aller au-delà de 1884;

Et enfin, M. l'abbé Béchet dont la nomination lui était inconnue.

Sur sa demande, il fut donné lecture des procès-verbaux des séances de l'asile du 21 novembre 1884 et du 26 juin 1885.

De la lecture de ces procès-verbaux et des explications de M. l'abbé Béchet, il résulta que :

1° M. Heurtaut avait été réélu, le 21 novembre 1884, par MM. Poullain, curé, Leroy, Bazin Armand, Mme Saint-Antoine, MM. l'abbé Ameline et Meslay. — Ces deux derniers étant sans droit pour voter, les quatre premiers ne suffisaient pas pour délibérer, puisque l'article 9 des statuts exige cinq membres, et ainsi l'élection de M. Heurtaut est nulle.

2° M. Bazin Armand, réélu et présent à la même séance, n'avait pu prendre part à son élection : trois membres seulement avaient ainsi le droit de voter : l'élection de M. Bazin Armand est donc radicalement nulle.

3° A la séance du 26 juin 1885, M. Meslay a été élu, à la place de M. Ameline, démissionnaire, comme membre bienfaiteur. — Sur les six membres présents à cette séance — MM Heurtaut, Bazin, abbés Béchet et Ameline, M. Leroy et Mme Saint-Antoine — les deux derniers avaient seuls le droit de voter.

En effet, MM. Heurtaut et Bazin n'avaient pas été nommés régulièrement le 21 novembre 1884;

M. l'abbé Béchet, se prétendant curé intérimaire de Sourdeval, n'avait pas justifié de son titre de curé-doyen pour faire partie du Comité ;

M. l'abbé Ameline, non-seulement a toujours été inéligible, mais il était démissionnaire et ne pouvait plus voter pour son successeur.

M. Leroy et Mme Saint-Antoine avaient donc seuls le droit de siéger et de voter ; mais ils ne pouvaient, à eux seuls, nommer M. Meslay.

M. Meslay, en outre, n'a pas justifié de son titre de bienfaiteur ; une délibération du Comité n'est pas intervenue, sur preuve d'un don de 500 francs, pour le faire inscrire sur le diplôme.

M. le Maire constata donc que le Comité de l'asile ne comprenait plus que trois membres incontestés, savoir : M. Leroy, Mme Saint-Antoine et M. le Maire,

M. Béchet, curé intérimaire de Sourdeval.

M. le Maire demanda ensuite aux personnes présentes, si elles considéraient comme une condition suffisante l'affirmation de M. l'abbé Béchet, que Mgr l'Evêque l'avait nommé curé intérimaire de Sourdeval et lui adressait ses lettres « à M. l'abbé Béchet, curé intérimaire à Sourdeval », pour que ce prêtre eût droit de siéger au Comité, malgré qu'il ne fût pas agréé par le gouvernement.

MM. Heurtaut, Bazin Armand, Meslay, Leroy et Mme Saint-Antoine, déclarèrent qu'ils avaient admis M. l'abbé Béchet comme membre du Comité au titre et à la place du curé et qu'ils maintenaient leur décision.

M. le Maire dit que son devoir était alors de se retirer et il quitta la séance.

Démission de M. Heurtaut.

Quand M. le Maire quitta la séance du Comité de l'asile, le 2 octobre 1885, il fut rejoint sur la route, quelques instants après, par M. Heurtaut qui s'était retiré à son tour et qui lui apprit qu'il avait donné sa démission et qu'il ne retournerait pas à l'asile.

Instances du Bureau de Bienfaisance.

Dès le commencement de l'entreprise et avant l'achat du terrain sur lequel est bâti l'hospice, puis le 3 juillet 1866, encore le 13 novembre 1869, la religieuse déclarait sans cesse, pour obtenir des dons, que l'établissement appartiendrait au Bureau de Bienfaisance.

En septembre 1874, Mgr l'évêque, le supérieur du Sacré-Cœur, reconnaissait que la maison appartenait aux représentants des pauvres et engageait la religieuse, à la livrer ;

Le 7 août 1875, le 2 octobre 1875, le 8 septembre 1876, la religieuse renouvelait ses déclarations et donnait *sa parole la plus sacrée* de la sincérité de ses engagements.

Et il y a huit ans que manquant à ses promesses, elle a enlevé notre maison à nos pauvres ! Notre asile ne peut les recevoir : notre maison sert surtout de pension bourgeoise et payante à MM. Maubert, Lechaptois et autres étrangers.

Le Bureau de Bienfaisance, depuis des années, n'a cessé de revendiquer l'établissement pour nos pauvres, de réclamer l'exécution de la parole donnée ; dernièrement encore, à la séance du

31 octobre 1885, à laquelle assistaient tous les membres, MM. Lenicolais, Tardif, Esnault, Bazin Victor, Dr Enguehard, Alix et Labiche, maire, il a, par une délibération fortement motivée, rappelé les fraudes commises pour obtenir le décret d'utilité publique ; il s'est plaint de la situation très regrettable créée par l'asile, et a réclamé le retour de la maison et sollicité l'intervention de l'administration supérieure.

Distributions du Bureau de Bienfaisance.

Pendant ce temps, le Bureau de Bienfaisance distribue chaque dimanche de l'année, à la mairie, après la messe de 8 heures, près de deux cents kilogrammes de pain, à nos familles pauvres ; chaque mois, il leur donne de la graisse ; pendant l'hiver il fournit du bois, des vêtements, et, au 25 mars et au 29 septembre, des secours pour aider à payer les loyers.

Le Bureau de Bienfaisance paie ces loyers pendant que les salles de l'asile restent vides, quand elles pourraient recevoir tant de nos malheureux ! Et le conseil municipal recherche un local pour nous créer un asile communal !

Regards vers le passé.

Voilà huit ans que l'on a enlevé l'asile à la commune et expulsé les administrateurs nommés par le conseil municipal.

Au premier août 1876, l'asile était-il mal administré ? Des réformes étaient-elles réclamées ? Des plaintes s'étaient-elles élevées contre les délégués du Conseil ? Ne jouissaient-ils pas, au contraire, de la confiance publique et la paix ne régnait-elle pas à Sourdeval ?

Pourquoi donc les membres du comité ont-ils voulu se mettre à la place du Conseil municipal ?

Quelles améliorations ces messieurs ont-ils apportées ? Quels avantages nouveaux ont-ils procurés aux pauvres ? Qu'ont-ils fait de notre asile pendant ces huit années ?

Déplorable situation actuelle.

Aujourd'hui la maison n'est pas achevée ; elle est sans ressources, sans donations : un seul legs, par le frère du trésorier de l'asile, qui ne sera pas réalisable peut-être avant 20 ou 30 ans !

Faute de ressources, les pauvres qui peuvent y être admis sont très peu nombreux, et les autres pauvres de Sourdeval ne s'aperçoivent de l'existence de l'asile qu'en de rares occasions, par exemple, lors de la distribution des vêtements provenant de la quête à l'église et quand certaines familles, pour faire annoncer en chaire leurs distributions de pain, en chargent la religieuse de l'asile, au lieu de les confier au Bureau de Bienfaisance, si bien placé pour cette mission !

Les ouvriers étrangers, malades ou blessés, soignés pendant des mois dans des maisons particulières, aux frais du Bureau de Bienfaisance !

Le désappointement et la désillusion portés à ce point que la population, en présence de cette grande maison inutilisée, réclame un second asile *municipal* et offre des ressources pour le construire !

Le comité de l'asile tombe en décomposition

L'asile, on le voit, tel que malheureusement il est constitué, est frappé d'impuissance et son comité tombe en décomposition !

Quel spectacle, en effet, que M. Vaulegeard passant de la commission de charité à l'asile! M. l'abbé Ameline amené de Mortain pour soigner nos pauvres ! M. Meslay. conservé pendant cinq ans après sa sortie du Bureau de bienfaisance !

M. Lenicolais choisi en 1876 et non acceptant; repris (*et de deux!*) à la place de M. Esnault, et toujours non acceptant; renommé encore (*et de trois!*) à la place de M. Tardif, démissionnaire, et enfin (*et de quatre!*) ressaisi malgré tous ses refus, et désigné à la place de M. Meslay, le 21 novembre 1884, pendant que M. Tardif, déjà non acceptant, était remis malgré lui, à la place de M. Lenicolais et obligé de faire recommander ses lettres à la poste pour qu'on reconnaisse les avoir reçues et qu'on en tienne compte !

Si la situation n'était pas si triste ; si les intérêts en souffrance n'étaient si sérieux, quelle comédie assez réussie !

Faut-il perdre tout espoir ?

Voilà huit ans que dure cette injustice.

Pendant cette longue période de temps, les habitants de Sourdeval n'ont pas cessé de protester.

Le 5 novembre 1882, le conseil municipal a

demandé l'autorisation de poursuivre judiciairement l'asile pour obtenir la restitution de la somme de 2000 fr. dont celui-ci s'est emparé sans droit.

L'autorisation n'a pas été accordée, par la raison que cette question est d'importance secondaire et disparaîtrait complètement par la modification des statuts et le retour à la commune ; que celle-ci était la question capitale qui devait appeler l'attention du conseil municipal.

Le 11 novembre 1883, le 3 février 1884, le 18 mai 1884, le conseil municipal a protesté de nouveau et réclamé la modification des statuts et le retour à la commune ; le 31 octobre 1885, le Bureau de Bienfaisance, de son côté, a formulé une nouvelle réclamation.

M. le Préfet est le tuteur des communes.

L'administration entendra-t-elle enfin notre voix?

Nos pauvres resteront-ils privés de leur asile ?

Le prophète du 13 septembre 1877 a-t-il prédit la vérité? La justice, la raison succomberont-elles ?

L'iniquité commise en 1876 doit-elle l'emporter à jamais?

......Faut-il perdre l'espérance ?......

Imprimerie de l'Ouest, A. NÉZAN, Mayenne.

Imprimerie de l'Ouest, A. NÉZAN, Mayenne.

www.ingramcontent.com/pod-product-compliance
Ingram Content Group UK Ltd.
Pitfield, Milton Keynes, MK11 3LW, UK
UKHW012031240726
13965UKWH00002B/713